传媒产业无形资产管理

Media Industry Intangible Asset Management

张　军　何　曼◎主编

中国经济出版社
CHINA ECONOMIC PUBLISHING HOUSE
北　京

图书在版编目（CIP）数据

传媒产业无形资产管理 / 张军，何曼 主编.
—北京：中国经济出版社，2018. 5
ISBN 978-7-5136-4868-4
Ⅰ. ①传… Ⅱ. ①中… Ⅲ. ①传播媒介—产业—无形资产管理—研究 Ⅳ. ①G206. 2
中国版本图书馆 CIP 数据核字（2017）第 231843 号

责任编辑　杨　莹
责任印制　巢新强
封面设计　久品轩

出版发行　中国经济出版社
印 刷 者　北京九州迅驰传媒文化有限公司
经 销 者　各地新华书店
开　　本　710mm×1000mm　1/16
印　　张　15. 25
字　　数　227 千字
版　　次　2018 年 5 月第 1 版
印　　次　2018 年 5 月第 1 次
定　　价　48. 00 元
广告经营许可证　京西工商广字第 8179 号

中国经济出版社 **网址** www. economyph. com　**社址** 北京市西城区百万庄北街 3 号　**邮编** 100037

本版图书如存在印装质量问题，请与本社发行中心联系调换（联系电话：010-68330607）

编 委 会

总监制： 姜海清

主　编： 张　军　何　曼

作　者： 马晓艺　高溪刚　陈　森

张　青　王昆伦　陈钇汐

对无形资产缺乏科学、系统的管理。传媒机构的管理意识薄弱、品牌保护意识不强、人才管理不善等因素，使得无形资产在传媒机构的经营管理中没有得到足够的重视，造成无形资产流失比较严重的现象。与此同时，在中国媒介市场上，已经有国外媒体凭借自身强大的资本和成熟的品牌，通过合资、控股、兼并等资本运营方式进入中国传媒市场，国际传媒的强势进入无疑会使传媒产业面临巨大冲击和挑战。相比西方媒体，中国的媒介市场还不够健全，市场活力还不足，融资渠道和盈利模式也比较单一。基于上述问题，考虑加强中国传媒产业无形资产的经营管理，提升传媒产业的竞争力就显得十分必要。

本书根据组织管理的内在逻辑，遵循无形资产的发展规律，将传媒产业无形资产管理的理论和实务相结合，共分为九章进行介绍。

第一章为“导论”。在阐明传媒无形资产和传媒产业无形资产管理相关概念和特征的基础上，探讨了传媒无形资产的重要作用和对传媒无形资产进行系统管理的重要性。

第二章为“传媒产业无形资产的战略管理”。本章介绍了战略管理在传媒产业无形资产管理中的应用现状和意义，并具体说明了对传媒产业无形资产进行战略管理的方法与步骤。

第三章为“传媒产业无形资产的开发与培育”。本章介绍了传媒无形资产开发的具体内容与方法，并以品牌类无形资产为切入视角，介绍了传媒无形资产的培育路径和塑造策略。

第四章为“传媒产业无形资产的运营管理”。本章从资本运营、无形资产运营管理等相关概念出发，具体阐述了投资、融资和交易三种无形资产运营的方法及具体策略，旨在帮助传媒机构能巧用无形资产运营，扩大其融资渠道和经营规模，提升传媒机构的竞争力。

第五章为“传媒无形资产的评估管理”。本章结合相关政策和会计

前　言

21世纪是高度信息化的时代，知识经济和信息经济的快速发展是这个时代鲜明的特征。随着我国支持文化产业发展政策的不断推出，以及人们对精神生活的重视，文化产业正逐渐成为我国经济发展的支柱产业，而传媒产业作为文化产业的重要组成部分，担负着信息传递的重要使命。但是随着经济全球化和文化体制改革的加深，我国传媒产业面临着激烈的竞争，致使兼并、重组、改股和破产清算等经济行为频繁发生。也就是说，传媒产业既面临良好的发展机遇，也面临来自国际和国内的严峻挑战。

传媒产业是知识密集型产业，无形资产不但是传媒产业发展的核心资产，是传媒机构保持生命力的强大引擎，也是传媒机构提升核心竞争力的关键所在。传媒产业主要生产文化产品，而蕴含在文化产品中的无形资产往往能决定传媒机构在市场上的表现，当无形资产的质量越高时，传媒机构就越能获得更多的受众支持，就越能占领更多的市场份额。同时，无形资产的质与量在很大程度上决定了传媒机构的竞争力。合理整合和优化配置无形资产，是提升传媒机构核心竞争力的关键所在。

长期以来，我国传媒产业主要靠财政拨款来维持运转，在市场中一直处于垄断地位，这在无形中积累了丰富的无形资产。但由于体制原因，很多传媒机构对无形资产的管理很多还处于原始阶段，实务，对传媒产业无形资产评估的方法进行了详细的介绍。

第六章为“传媒产业无形资产的保护管理”。本章首先介绍了传媒产业无形资产保护管理的基本内容，包括保护的概念、原则和现状等内容，随后具体介绍了传媒产业中比较核心的三种无形资产（商标权、商誉和商业秘密）的保护策略，以便更贴切地指导传媒机构保护好本单位的无形资产。

第七章为“传媒产业无形资产的财务管理”。本章从无形资产会计管理、无形资产统计管理和无形资产审计管理三个方面，阐述了传媒机构如何更完善地做好无形资产的财务登记和统计，保证传媒无形资产的经营管理在合法合规的条件下进行，并为传媒机构在无形资产的开发和培育、运作经营等方面提供数据支持。

第八章为“传媒产业无形资产的组织管理”。本章分为无形资产管理组织设计和管理制度设计两个部分。其中，管理组织设计主要介绍了传媒机构如何设置和建立专门的管理机构或部门对无形资产进行专业化管理；管理制度设计具体介绍了传媒机构应如何设置无形资产管理制度，保证无形资产管理的有效性。

第九章为“广播传媒的无形资产管理探索”。本章聚焦于目前广播媒体中具体无形资产的管理现状，从实际的管理经验出发，探讨了广播媒体的无形资产管理方法，分析了广播媒体未来的发展趋势。

中央人民广播电台是较早重视无形资产运营的国内媒体，在产业化的过程中，多家下属企业依托台内所属的核心无形资产专项运作，比如手机视频业务、电视购物业务、专业化频率与服务业务等，目前均占有不错的市场份额，并保持了较好的发展速度与前景。财政部颁发的《中央级事业单位国有资产管理暂行办法》中明确提出，无形资产与流动资产、固定资产以及对外投资同属国有资产范围，这就意味着对无形资产加强管理与经营，确保其保值增值，不仅仅是挖掘传媒产业文化创意经济的核心竞争力的需求，也是机构主体的法定义务。中央人民广播电台从2015年开始立项、调研，并积极探求传媒机构无形资产规划、开发与管理的创新之路，力求以创意经济为切入点为产业发展提供新颖的思路和方案，到本书付梓之时，中央广播电视总台正式成立，现代传媒航母已经起航，传媒无形资产的整体运营也将进入全新阶段。总体来说，加强传媒产业无形资产的管理，可以推动传媒机构重视内容的开发和培育，降低传媒机构的经营成本，帮助传媒机构实现低成本扩张，扩大传媒机构的覆盖面，提升受众的忠诚度，提高媒体的核心竞争力和国际竞争力，进而促进传媒机构经济效益和社会效益的提高。同时，加强传媒产业无形资产的管理，可以促进传媒机构改变观念，积极运用现代先进的经营和管理方法，重视无形资产的保护，减少无形资产的流失。

重视和加强无形资产的管理对传媒产业和传媒机构是具有重要意义的，谨以此书抛砖引玉，与传媒无形资产领域的研究者、实践者同行！

目　录

第一章 导 论

第一节　传媒产业无形资产的概念与价值

一、传媒产业无形资产的概念与特征

（一）传媒产业无形资产的概念

1. 传媒产业的概念

传媒产业是指由传播各类信息、知识的传媒实体部分所构成的产业群，它是生产、传播各种以文字、图形、艺术、语言、影像、声音、数码、符号等形式存在的信息产品，以及提供各种增值服务的特殊产业。

2. 传媒机构无形资产的概念

作为传媒产业生产经营的主体，传媒企业无疑是传媒活动中最为活跃的经济细胞，它们拥有完整的法人财产权，以盈利为基本目标，追求经济效益。同时，传媒产业内另一类主体是事业单位型传媒组织，它们承担着提供公共传媒产品和行业所需公共服务等特殊使命。尽管盈利不是其主要目标，但其组织、营运仍具有一般企业的共同特征。事业单位型传媒组织与传媒企业一起统称为传媒机构。

传媒企业作为媒介市场的竞争主体，具有一般企业的共性，其资产可以分为有形资产和无形资产。国际对无形资产的权威性界定如《国际会计准则（第38号）》中的表述，无形资产是指没有实物形态的、可辨认的非货币性资产。而国内对无形资产比较权威的界定是财政部于2006年颁布的《企业会计准则（第6号）》，《准则》明确指出，无形资产是指不具实物形态，但为企业能够辨认的非货币性长期资产。无形资产有广义和狭义之分，广义的无形资产包括货币资金、应收账款、金融资产、长期股权投资、专利权、商标权等。狭义的无形资产是指专利权、商标权、商誉权、著作权等。在会计计量上，无形资产常常是狭义的理解，这在一定程度上造成企业对无形资产管理对象的简单化和管理领域的单一化，造成企业大量无形资产的显性损失和隐性损失。

3. 传媒产业无形资产的具体构成内容

传媒产业无形资产一般由特许权、著作权、商标权等构成。

（1）特许权。指特许人拥有或有权授予他人在一定区域和时期内在经营某种特定商品的专有权利。在中国，特许经营权通常有两种形式：一是由政府机构授予的特许经营权；二是由企业授予的特许经营权。政府机构授予的特许经营权是指政府机构准许特定企业在一定区域内专门经营某种特许业务的权利，这种权利多为社会公共福利事业，如电力、自来水、邮电、电视、广播等。企业授予的特许经营权是指一家企业（特许人）依照双方签订的合同，有限期或永久地授予另一家企业（被特许人）使用其商标、商号、专利权等专有权利，并收取相应的费用。实际上，这种特许经营权是专利权、商标权和专利技术等的衍生物。冠名权就是一种典型的特许经营权衍生形式，它是一个单位对其管辖、承办的各种事业拥有允许他人冠名的权益。这种权益可以有偿授予他人，购买者在一定期限内将其“字号”“商标权”或标志命名在特定载体上。

从某种意义上讲，媒体拥有的特许权比较特殊，具有行政上的特许权和商业性的特许权，这是由传媒的特殊双重属性所决定的。我国政府依据从宏观上采取总量控制和质量管理的方针，对媒体经营实行许可证制度。加上我国具有实行舆论控制和确保信息安全的需要，国家对广播电视的控制更为严格，这也使得中国媒体具有更为垄断的地位。

（2）著作权。又称版权，是指文学、艺术或科学作品及其他作品的作者或其他人在法定期限内对作品依法享有的专有权利。著作权是传媒企业最主要的无形资产形式，包括复制权、发行权、出租权、展览权、表演权、放映权、广播权、信息网络传播权、摄制权、改编权、翻译权、汇编权以及著作权人享有的其他财产权利。

传媒机构在尊重作品的原著作权人的基础上，可以对自己编辑的作品或者制作的广播电视节目等享有著作权，也可以通过合同约定对委托他人创作的作品享有著作权，其涉及著作权的产品主要包括：文学作品（如广告、广播电视节目稿件）、影视作品。而对于广播电视传媒，著作权更多地表现为其拥有大量节目的节目库的所有权或版权，对节目库的再次开发和经营可以帮助媒体创造出更多的价值。

（3）商标权。商标可分为注册商标和非注册商标。注册商标是指拥有者自愿向商标局注册登记的商标，受到法律的保护。非注册商标是指未经商标局注册或未经批准的商标，不受法律保护，随时可以被他人使用。无形资产中的商标权通常是指注册登记的商标权，具体指企业在特定的商品上使用的名称、图案、数字、标志的权利。

传媒媒体的商标属于服务商标，是指文字、图形或其组合等构成的服务项目的一种识别性标记。传媒媒体的商标往往具有比较深刻的内涵和文化底蕴，可以使受众对该媒体产生一种认同感。因此，传媒媒体的商标也是媒体品牌的一部分，即为受众提供认为值得收听收视的功能利益以及附加价值的产品。传媒机构往往投入大量的人力、物力和财力去吸引受众的注意力，培养受众的忠诚度。通过这些投资而获得观众认可的传媒品牌，就可以获得高出同行业平均利润水平的广告收入，并产生良好的社会效益。

（4）商誉。商誉是传媒机构在长期生产经营活动中形成的信誉和品质。商誉是一项不可确指的可预期未来利益的无形资产，包括人员素质、组织文化、产品和服务质量、财务状况等方面。

“不可确指”是商誉区别于其他无形资产的重要特征。这一特征的内涵之一是，商誉不能单独存在、无法独立产生未来收益，它必须与传媒机构的其他资产一起整体发挥作用；内涵之二是，商誉的价值形成具有不确定性，即它为传媒机构带来的超额收益源于多种因素的综合作用。

（5）专利权。专利权指发明专利的人在法定条件下对专利的独占和使用，他人不经允许不可使用。

（6）非专利技术。非专利技术指发明人垄断的、不公开的技能或知识，如管理经验、操作数据、工艺技巧等，一般是公司或个人保密的。对于传媒机构来说，非专利技术类无形资产更多地体现为长期积累的销售网络、客户关系、节目创意等。

（7）土地使用权。土地使用权是指国家准许某一企业在一定条件下享有、开发和经营某块土地的权利。从收益贡献来看，土地使用权对传媒机构的影响不大，其所处的微观地理环境对节目质量和广告收入造成的影响较大。

（二）传媒产业无形资产的特征

无形资产与有形资产同属资产范畴，但无形资产与有形资产不尽相同。传媒产业自身的特殊性，使得传媒产业无形资产具有其他类型企业无形资产的一般特征，如非实物性、法律性、独占性、不确定性和交易特殊性等。但其同时又具有属于传媒无形资产的独有特征，如权属多元性、效益延展性、价值累计性和地域性等。

1. 传媒产业无形资产的一般特征

（1）非实物性。传媒产业无形资产与有形资产相比最重要的特点是不具有实物形态。无形资产所体现的是一种权利、技术和获得利润的综合能力，人们无法直接感觉到无形资产的存在，它经常要依附在一定的载体上或者与其他的资产结合才能发挥作用。电视的收视率、广播的收听率、报刊发行量是传媒无形资产一种表现形式；传媒的权威性和影响力是传媒无形资产的另一种表现形式，这更是传媒无形资产的核心部分。

（2）法律性。任何资产都受法律保护，但并不意味着每一种资产本身都具有法律性。无形资产的法律性是区别于有形资产的又一特征。一般情况下，有形资产不涉及法律保护的问题，只有在其受到侵犯时才会寻求法律保护。而法定无形资产从申请、使用到有效期终止的整个过程中，都有相应的法律来进行规范，主要无形资产基本上都有针对其制定的专门法规。如世界各国都有专利法、商标法和著作权法等。这些法律条文使所有者在对传媒无形资产的开发、使用和转让时，自身的合法权益不受侵犯，进而让传媒无形资产发挥更大的作用。

（3）独占性。有形资产可以“普遍存在，多方占有”，而无形资产只能是“单独存在，一方占有”。世界上可以存在着许多相同内容、相同功能、相同性质、相同型号、相同名称的有形资产，但不可能存在相同内容、相同功能、相同性质、相同名称的无形资产。一项无形资产的所有权只能由一方享有，相同的无形资产所有权只能授予一方一次。

传媒无形资产的独占性主要体现在以下两个方面：一是在法律保护下，传媒无形资产属于特定的主体，其他人是不能无偿占有和使用的；二是不受法律保护但具有经济性、机密性的无形资产，只要其主体不泄密，则无形资产也是被它独占的。传媒是国家特许经营的行业，这在一定程度上使得传媒无形资产更具独占性，甚至有一定的垄断性。

（4）不确定性。与固定资产相比，无形资产的开发没有标准和固定的模式，这种特殊性使得传媒无形资产的开发和检验标准具有不确定性。同时，传媒无形资产的独创性和独占性，使得市场上很难找到替代品，而市场上通常也找不到可以参照的产品，所以往往难以确定其交易价格。最后，由于无形资产的价值实现需要依赖一定的载体和社会条件，所以它能为组织者带来的未来经济利益也具有一定的不确定性。而且传媒无形资产创造经济利益的过程会受到很多外部因素和内部因素的影响；外部因素如国家宏观经济的发展、消费者的偏好、传媒市场的竞争状况等；内部因素如传媒机构的内部管理和运营情况、人才素质等。这些都极大地加剧了传媒无形资产的不确定性。

（5）交易特殊性。无形资产交易是社会经济发展的必然现象，但与一般货物的交易相比，有其特殊性，即交易中无形资产的使用权和所有权产生分离。一般地，企业从外部购入有形资产时，同时获得了有形资产的所有权和使用权，而无形资产的交易一般只转让其使用权。在无形资产的交易中，所有权的转让不具普遍性。一项优秀的无形资产可为传媒机构带来巨大的经济效益，因而传媒无形资产的所有者往往不愿意将自己的优势转让给他人而放弃自己的长远利益，通常仅仅愿意他人有偿使用无形资产。而相比固定资产使用权的转让（如租赁），无形资产交易中只转让使用权具有以下两点优势。一是无形资产的所有者转让使用权时，自身仍然保留使用权；而固定资产租赁行为一旦发生，所有者就失去了使用权。二是无形资产的使用权可以同时向多个买主转让，进而获得大量经济效益；而固定资产的租赁一次只能对一个租赁者，获得的经济效益是有限的。同时，传媒无形资产的交易具有长期性和交易价格的不确定性。传媒无形资产通常是使用权的许可转让，其大多是通过双方的相互合作来完成的。如在节目版权交易中，转让方要向受让方提供制作培训和拍摄指导，并提供必要的资料等，保证节目质量和效果。

2. 传媒产业无形资产的独有特征

（1）权属多元性。权属多元性是传媒产业无形资产的首要独有特征。传媒产业无形资产的开发大多是在集体创作条件下完成的，有前期策划、编辑、后期制作等许多程序，每个程序都不止一人，这样将会导致无形资产的权属具有多元性。同时，对于同一项无形资产，不同的参与主体可能拥有不同的权益。比如电视台做一档节目，表演者拥有表演权，电视台对自己制作的电视节目拥有著作权，作为一个影像制品的制作方拥有影像产品的所有权。

（2）效益延展性。传媒行业是社会系统中的一个特殊行业，既不是纯粹的市场竞争主体，也不是彻底的国家机关或者完全的公益机构，因而传媒产业追求的是社会效益和经济效益的统一。传媒机构的主要任务是生产文化产品，文化产品本身具有意识形态，可作用于人们的精神领域，文化产品形成的社会效益是由内向外传导的。文化产品蕴含着无形资产的核心内容，因此，传媒产业通过文化产品向外传播的实际上是其无形资产的衍生价值。

（3）价值累积性。传媒无形资产能够给传媒机构带来超额收益的能力，这是传媒无形资产具有价值的根本所在。随着时间的推移，传媒机构能凭借自身经营和积累建立起品牌，加上自身特许经营形成的垄断地位，成为市场的领导者。任何处于领导者地位的媒介或企业，其市场份额会越来越大，有时甚至形成寡头式垄断。而这种品牌往往能为传媒机构带来了巨额的广告收入，这是传媒无形资产价值累积性的最直接表现形式。同时，传媒产业无形资产中绝大部分是版权类无形资产，其价值往往受市场偏好影响较大，故价值累积性也具有超额收益的特性。山东影视传媒集团在 2014 年投拍《琅琊榜》时，花了很少的钱就购得原作者手里的改编权，而现在该作者的作品版权费已是当时的千倍以上。

（4）地域性。我国传媒产业具有很强的地域特征，从而使得传媒产业无形资产也具有很强的地域性。在我国，除了几个国家级的传媒集团外，很多传媒集团都是由各省（市）的机关报社、电视台和出版社转制而来，虽然一些广电集团的广播电视节目通过卫星覆盖到全国，但其多数节目的受众仍集中在当地，因而传媒产业的新闻采编、节目制作等内容开发主要针对当地受众展开，导致其无形资产具有很强的地域性。也就是说，地方传媒集团的无形资产只有在当地才具有很高的价值，离开当地后这种无形资产的价值就很难体现出来，即除了少数几个国家级的传媒集团外，其他地方的电视广播和报纸期刊等品牌只有在当地才有知名度和影响力，

二、传媒产业无形资产的分类

为将传媒产业无形资产的含糊的概念进一步明晰化，现将传媒产业无形资产按来源、是否可确指、权益类型、管理学、经营学等几个不同学科的视角分类，以便有利于探讨传媒产业无形资产的管理问题。

（一）按照传媒产业无形资产的来源分类

根据无形资产的来源渠道，可分为自创无形资产、外购无形资产和股东投资入股无形资产。

1. 自创无形资产

传媒产业自创无形资产是指传媒机构内部自行开发和培育形成的无形资产，如商标权、著作权、商誉、专利权等。

2. 外购无形资产

外购无形资产是指传媒机构从外部购入的无形资产，如外购专利权、著作权、技术秘密等。

3. 股东投资入股无形资产

股东投资入股无形资产是指传媒机构以各种专利权、著作权、商标权、特许经营权、企业名称等作为投资投入企业的无形资产。

这种分类的意义在于，明确了传媒产业的无形资产来源渠道和权益归属，有利于传媒机构在经营管理实践中采取相应的投资策略和管理手段。

（二）按照传媒产业无形资产是否可确指分类

根据无形资产是否可确指，可将无形资产分为可确指无形资产和不

可确指无形资产。

1. 可确指无形资产

可确指无形资产是指那些具有专门名称，可独立存在、取得和转让的，或作为组成资产的一部分取得，或作为传媒机构整体的一部分购入的无形资产。例如商标权、著作权、企业名称、特许经营权等。

2. 不可确指无形资产

不可确指无形资产是指传媒产业中不能独立存在的、不可辨认的、不能单独取得的无形资产，如商誉等。

这种分类的意义在于，可以帮助传媒机构明确无形资产的可确指性，便于摸清传媒机构无形资产的存量，并做出必要的核算和评估，精确计量其价值，避免无形资产的流失，对传媒机构无形资产的价值管理具有重要意义。

（三）按照传媒产业无形资产的权益分类

根据无形资产的权益，可将无形资产分为所有权无形资产和使用权无形资产两种。

1. 所有权无形资产

所有权无形资产是指所有权归传媒机构所有的无形资产，如传媒机构拥有的商标权、著作权、专利权、企业名称、经营秘密等。

2. 使用权无形资产

使用权无形资产是指传媒机构通过交易或其他方式而拥有使用权的无形资产，如传媒机构通过不同渠道获得的商标使用权、作品使用权、技术秘密（或经营秘密）使用权、特许经营权等。

这种分类的意义在于，首先，明确传媒机构无形资产的权益类别，促进经营管理者对不同权益类型的无形资产的有效管理。对于拥有所有权的无形资产，传媒机构首先要依法维护自己的权益，并履行自己的义务以维护权益的有效性，如按时缴纳专利权的年费，及时续展商标权申请等。其次，无形资产的所有人还要注意适时扩展自己无形资产的权利，获得更大的效益和市场。而对于传媒机构只拥有使用权的无形资产应该在合同期限内和法律允许范围内充分利用。

（四）从管理学角度划分

从资产管理学角度，将无形资产划分为资源型无形资产、知识型无形资产、权利型无形资产和经营型无形资产。

1. 资源型无形资产

资源型无形资产是指与自然界天然形成的各种自然资源的权利相关的资产，如土地使用权、租赁权、矿业权等。

2. 知识型无形资产

知识型无形资产是指人类智力发明、创造的科研成果或文学作品在一定条件下形成的资产，如商标权、企业名称、其他标识性标记权等。

3. 权利型无形资产

权利型无形资产是指由法律、契约、合同或政府授权所形成的无形资产，如著作权、专利权、特许经营权、优惠合同等。

4. 经营型无形资产

经营型无形资产是指在市场经营活动中形成的，与经营活动相关的，构成经营环境的资产，如传播网络、客户关系、经营管理方法、商业秘密等。

5. 观念型无形资产

观念型无形资产是指传媒机构在长期生产经营活动中形成的社会评价和文化特质等而转化成的特有资产，如商誉、组织文化等。

这种分类的意义在于，明确了无形资产是一种有价值的经营资源，传媒机构经营管理者应该舍弃事务管理和静态管理的旧规，将无形资产看作和其他经营资源和生产要素一样的资产来经营。应该将无形资产提到传媒机构的战略管理中去，并将无形资产的管理纳入组织管理体系中去，进而促进传媒机构对无形资产的保护和开发，使无形资产更好地保值增值。

（五）从经营学角度划分

从资产经营学角度，可将无形资产划分为市场类无形资产、知识类无形资产、人力资本类无形资产和企业管理类无形资产。

1. 市场类无形资产

市场类无形资产是体现市场竞争力的资产。市场资产是指传媒机构拥有的，与市场相关的无形资产，包括传媒实体品牌、营销网络、广告客户、售后服务能力、组织机构形象以及在受众中的知名度、信誉度等。对于传媒产业来说，市场型无形资产运营的关键是在有高质量的内容的基础上，强化客户关系管理，加强组织机构形象的提升与宣传。

2. 知识类无形资产

知识类无形资产是指受法律保护的，传媒产业内置或外购的各种智力产品所转化的资产形式，如传媒产品的内容和形式等创意的专用权、专有技术、商标权、计算机软件、著作权、版权等。

3. 人力资本类无形资产

人力资本是指体现在传媒机构内部员工身上的知识、技能、创造力等智力资源。人力资本并不为传媒机构所有，而是属于员工所有，即人力资本与其所有者具有不可分离性，因此，应该特殊对待。名编辑、名导演、名主持等是传媒产业重要的人力资源，也是传媒产业重要的无形资产，传媒机构应该恰当使用管理方法，充分发挥这部分人的积极性和创造性。

4. 组织机构管理类无形资产

组织机构管理类无形资产是指传媒机构经过长期努力所形成的，确保传媒机构有效运行的管理哲学、管理制度和方法、工作流程、企业文化等。管理型无形资产是体现传媒机构内在发展动力的资产。

这种分类的意义在于，摆脱了传统的无形资产分类的限制，开拓了无形资产的范围，真正从资产的角度重新看待传媒机构所拥有的生产要素和经济资源，突出了全球化背景下的资本经营，尤其是知识资本的经营，有利于无形资产管理的目标更加明确，即加强市场资源管理、知识产权管理、人力资本管理和文化创新管理。

（六）按照是否可控分类

传媒无形资产按照是否可控，可以分为传媒机构所有并可交易的无形资产、传媒机构可控但不可交易的无形资产、传媒机构无法完全控制的无形资产三类。

1. 传媒机构所有并可交易的无形资产

传媒机构所有并可交易的无形资产包括：广告时段、广告版面、节目播出时段、专利、版权和商标、冠名权。这类无形资产的特点是所有权属于传媒机构并能够被交易，是被现行法律确认的财产，能在资产负债表中得到体现。除了上述的这些无形资产项目外，有的无形资产也具有变成交易目标的可能，比如，品牌、电视媒体的呼号、特许经营权、营业执照、垄断地位、传输网络（如卫星、微波、有线或 IPTV）、落地情况、网名与域名、商业契约、信息网络及数据库、客户资料、节目素材、形象包装作品等。这类资产一旦成为交易的目标，就能在资产负债表中得到反映，就能被归类为传媒机构所有并可交易的无形资产。

2. 传媒机构可控但不可交易的无形资产

传媒机构可控但不可交易的无形资产：有的资产被传媒机构所控制，但是难以变为交易对象，比如正在进行的研究开发、新理念、商业秘密、声誉、独特的管理系统，以及交易过程、节目质量、节目创意等，属于传媒机构可控但不可交易的无形资产。值得一提的是，尽管该类无形资产在短时间内难以交易，但是传媒机构可以通过对其的开发及培育，再加上法律的完善使其产权逐渐明晰，促使其向第一类资产转化，从而能更全面地对这类资产进行评估、管理和运营。

3. 传媒机构无法完全控制的无形资产

传媒机构无法完全控制的无形资产：对于这类资产，传媒机构可以从中获益，但是对其不拥有法定产权。该类资产也不满足资产确认的会计标准，不能在资产负债表中反映。在传媒行业，该类资产最典型的代表就是人力资本，如主持人、采编人员、策划专才、技术人员、经营管理人才、嘉宾团队、观众群体等。除此之外，还有传媒企业的组织资本，如组织架构、管理制度、内部文化等，以及关系资本，如政府关系、客户关系、战略合作伙伴等。

这种分类的意义在于帮助传媒机构划分不同控制程度的无形资产，有利于传媒机构在进行无形资产的开发与培育过程中选择相应的培育途径和方法。

三、无形资产在传媒产业中的重要性

管理学者彼得·杜拉克在《后资本主义社会》一书中提到，知识将取代机器设备、资金、原料或劳工，成为企业经营最重要的生产要素。换言之，企业不再是以所谓土地、设备、厂房等实体资本作为竞争优势的来源，无形资产及知识创造的价值将是决胜的关键。在现代市场经济条件下，对于知识密集型的传媒机构，无形资产是其最核心的部分，也是使有形资产实现保值增值的强有力的纽带和桥梁。

（一）无形资产是传媒产业的核心资产

传媒产业是一个以生产文化产品为主、向社会提供信息服务的行业。传媒机构的主要产品是文化产品，文化产品是信息的载体，它所承载的是社会公众所需要的思想、舆论、娱乐及其他各种信息。文化产品所提供信息的价值越高，购买的受众就越多，购买的受众越多，传媒机构的品牌和信誉就越好。长此以往，受众往往会依据传媒机构的品牌和信誉来判断传媒所提供信息的价值。因此，传媒机构的品牌和信誉等无形资产主要决定了其在市场上的表现。品牌和信誉决定了文化产品的市场占有率，所以对传媒机构的创收能力有着重要影响。可以说，传媒机构拥有的无形资产价值远远大于其所拥有的有形资产价值，无形资产是传媒机构的核心资源。

同时，相比生产及经营物质产品的传统企业，传媒产业具有很强的轻资产属性。传媒产业以生产文化产品为主，该过程虽然需要占用厂房，也需要诸如摄像机之类的硬件设备，但这些有形资产只是生产文化产品的必备条件，并不能决定文化产品的质量。比如，凤凰卫视最初的办公条件艰苦异常，据说只有“县级规模”，但其节目质量却在国内外享有盛誉。而国内的一些传媒集团硬件条件非常先进，节目质量却一般。简单来说，传媒产业的发展主要靠“人”，“人”的因素至关重要。“人”的因素包含了人的创新精神、管理家才能、主观能动性、个人影响力等个人素质，而这些个人素质是无法靠实体投资获取的轻资产。相比固定资产，无形资产对传媒产业具有更重要的价值。

（二）无形资产是提升传媒产业竞争力的关键

摩根士丹利全球资本指数显示：全球上市公司市价与其无形资产的比例关系中，传媒类产业的无形资产是有形资产的3.4倍，这充分显示了无形资产具有的巨大价值创造潜能，也反映出无形资产的合理配置是成熟市场的重要特征之一。无形资产是传媒产业核心竞争力的重要源泉，拥有一定数量和质量的无形资产是培育传媒企业核心竞争力的必要条件，并决定着传媒企业价值的高低。

1990年，美国密执安大学商业管理研究院的教授普拉哈拉德和英国伦敦商学院的战略管理学教授哈梅尔首次提出了企业核心竞争力（Core Competence of the Corporation），认为企业核心竞争力是一个在组织内部经过知识和技术的整合，使该组织在某一特定领域内成为领先者。企业核心竞争力的本质是企业通过知识、技能的整合而获得的能力。在一般情况下，企业核心竞争力主要有以下三个特点：第一，不易被复制；第二，对企业价值贡献有一定贡献；第三，有能够进入市场的潜力。不难发现，从本质上讲，传媒产业的无形资产和核心竞争力具有一致性，即都表现为传媒企业的获利能力，都能帮助企业在传媒市场领域内获得超额利润。尽管不能将核心竞争力和无形资产等同起来，但可以说无形资产是企业核心竞争力的构成要素，是企业核心竞争力的载体。

在传媒产业中，节目库、信息、知识等无形资产所占比例都非常高，传媒机构间的竞争更大程度上是无形资产质与量的比拼，合理投入和有效管理才是无形资产提升竞争力的关键。二者的密切关系主要体现在以下三个方面：第一，传媒机构核心竞争力的大小需要通过无形资产的数量和质量来衡量，无论是采用价值链分析法、资产分析法、顾客贡献分析法，还是采用层次分析法等企业核心竞争力的衡量方法，都必须关注传媒产业的管理创新、销售网络等无形资产，无形资产的质与量成为衡量传媒企业核心竞争力大小的基本依据。

第二，传媒机构核心竞争力的强弱取决于传媒无形资产的提升和创造能力。传媒机构核心竞争力一般会在文化产品、品牌、管理、技术和文化等相关资源中予以表现，最终体现在市场上反映出企业的优势。所以传媒机构合理整合和优化配置无形资产，可以在很长时间之内保持竞争优势。所以，传媒机构要不断地开发和获取无形资产，进而使自身的独特优势可以长期保持下去。

第三，传媒机构无形资产是提升其竞争力的关键。在知识密集型的传媒行业，决定传媒机构发展的是无形资产而非有形资产，无形资产是驱动传媒机构创造价值的主要因素，传媒机构想要提升自身的盈利能力，就必须加强无形资产的经营管理。无形资产可以同时使用在不同的场合，并且互不影响；在使用过程中，无形资产的再生产边际成本也很低，而且还能帮助传媒机构在扩张中不受到规模报酬递减规律的影响，加上无形资产的垄断性使传媒机构拥有的无形资产不易被复制，使得无形资产对提升核心竞争力具有十分明显的作用。

总之，对传媒机构无形资产进行开发和创造，就是对自身核心竞争力的培育。提高无形资产的管理，可以更好地提升传媒机构核心竞争力。

（三）无形资产促进传媒产业应对全球化竞争

在西方，传媒产业被称为无烟工业。据联合国教科文组织的市场调研表明，全球50家传媒娱乐公司占据了当今世界上95%的传媒产业市场；目前传播于世界各地的新闻，90%以上由美国和西方国家垄断，其中，又有70%是由跨国传媒集团垄断。据2011年世界贸易组织的统计资料显示，美国是全球最大的提供相关服务出口国，总出口数额达135.29亿美元，甚至超过了排名第2~4位的欧盟、加拿大和俄罗斯三个经济体的视听及相关服务出口总额（135.17亿美元）。全球化已经成为全球经济发展中不可忽视的重要环节，而传媒作为当代各国经济的重要组成部分，也被卷入全球化竞争的国际浪潮中。全球化在为我国传媒产业发展带来了新的发展机遇的同时，也给我国传媒产业带来了激烈的竞争压力。

长期以来，我国的传媒产业，尤其是广播、电视、报纸、杂志等列入事业编制的媒体，靠国家财政拨款来维持运转，一直处于市场垄断地位，有着丰富的市场资源。这使得中国传媒业一直受到众多跨国传媒机构的关注。目前中国媒介市场上，已经有国有媒体凭借自身强大的资本和成熟的品牌，通过投资、控股或合办娱乐节目、报纸杂志、非新闻类报纸和书籍、网站等形式进入中国传媒市场，一些国际传媒集团也纷纷表示出与我国媒体合作的兴趣。国际传媒的强势进入和全球化的激烈竞争，无疑会使传媒产业面临巨大的挑战和冲击。

西方传媒业发展时间较早，有健全的市场体系支撑，实施多元化战略经营，规模经济效益显著。西方传媒业也形成了不同媒体互补的多渠道、立体式的传播方式，最大限度地挖掘信息的内在价值，避免了单纯依靠广告所带来的风险，具有合理的收入结构。而且西方传媒业注重充分利用资本运营手段筹措资本，加速扩张，实现多元化、跨领域、跨地区的经营。而中国传媒业市场活力还不足，盈利模式还比较单一，融资渠道也比较单一。基于这些问题，对传媒产业无形资产进行科学系统的管理，提升中国传媒产业竞争力，以积极应对全球传媒产业的冲击，就显得十分有意义。

第二节　传媒产业无形资产管理体系

一、传媒产业无形资产管理的内容

（一）传媒产业无形资产管理的概念

一般而言，管理包括计划、组织、领导和控制四个方面。所谓传媒无形资产管理是指传媒产业为达到一定目标而对无形资产的开发、经营、评估、保护等进行计划、组织、领导和控制等管理工作或运营活动，使之发挥最佳效益。

世界上先进的企业，大多是无形资源丰富的企业，同时又是无形资产管理制度科学严密、管理水平很高的企业。无形资产管理是现代管理的重要内容，但我国很多传媒机构对无形资产的管理往往是处于原始阶段，缺乏科学、系统的管理，致使无形资产流失严重、管理制度不完善、产业规模小、竞争力相对较弱等。

我国传媒产业无形资产非常丰富，但在传媒机构的经营管理过程中往往被忽视，造成传媒无形资产的流失现象比较严重，主要表现为：第一，传媒机构对无形资产低估或不估；第二，商标权的流失和被侵犯；

第三，人才流动导致无形资产的流失。一般而言，传媒机构的名主持、名编辑、名导演或高管离开的同时，也带走了传媒机构的商业秘密、技术秘密等。

造成传媒无形资产流失的原因，主要有以下三点：一是意识原因。很多企业经营者没有意识到传媒产业的一些优势和特点，还停留在一般的企业理念、企业文化的认识层面上，没有将政策优势、行业优势转化为资产优势。二是会计体例。相比国际会计体例，我国传统的会计体例使得许多无形资产的入账问题没有引起足够的重视。而且长期以来，我国没有出台相关法律条例对文化企业的无形资产评估进行统一规范，使得传媒机构无形资产账目处理缺乏指导，有关账目处置面临较大困境，致使传媒机构没有正确认识到无形资产的价值。三是管理原因。我国很多传媒机构没有将无形资产提上管理日程，不少传媒机构的管理者缺乏现代资产管理的经验，很多资产庞大的传媒机构没有设置专门的无形资产管理部门，没有配备专业的无形资产管理人才，更谈不上从管理层面上对无形资产进行有效整合、经营。

在知识密集的传媒行业中，无形资产管理不容忽视，而且迫在眉睫，传媒无形资产的保护意识薄弱以及缺乏完善的管理体系，很容易导致传媒机构蒙受巨大损失，甚至倒闭。合理、有效地管理无形资产，才能保证具有质量优良的文化产品，充分发挥无形资产的重要作用，才能使传媒机构创造良好的经济效益。

（二）传媒产业无形资产管理的内容

传媒产业无形资产的管理涉及的领域广泛、内容丰富。无形资产管理的主要内容包括以下几方面。

第一，传媒产业无形资产按要素可分为：商标权管理、著作权管理、专利权管理、商业秘密管理、特许经营权管理、品牌管理、销售网络管理等。

第二，传媒产业无形资产按保障性质可分为：规范管理、评估管理、组织管理、保护管理。

第三，传媒产业无形资产按管理层次可分为：战略管理、部门管理、项目管理。

第四，传媒产业无形资产按管理过程可分为：开发管理、转化管理、交易管理。

第五，传媒产业无形资产按经营过程可分为：引进管理、开发管理、营销管理、产权管理。

第六，传媒产业无形资产按管理职能可分为：战略管理、组织管理、经营管理、财务管理、保护管理。

（三）传媒产业无形资产管理的目标

在传媒产业中，无形资产管理的主要目标是实现无形资产价值最大化。传媒机构应该充分利用无形资产，利用其良好的技术水平和生产经营条件，生产高品质的文化产品或服务，充分发挥无形资产的作用，帮助传媒机构取得良好的社会效益和经济效益。

无形资产管理是现代管理的重要内容。传媒机构应该在遵守国家相关法律法规和市场经济规律的前提下，结合自身发展的总体需要，来制定无形资产管理目标。传媒产业无形资产的管理活动应该围绕管理目标展开，这样才能使无形资产成为传媒机构创造经济效益的永不枯竭的无形资源。

二、传媒产业无形资产管理体系的构成

一般而言，根据管理过程的内在逻辑，管理职能可以划分为几个相对独立的部分。划分职能并不意味着这些管理职能是互不相关、截然不同的。划分管理职能有助于帮助组织实现专业化管理，并帮助管理者运用职能观点去建立、改革和完善组织机构，根据职能对组织内部的职

责、义务和权利以及它们的内部结构做出相关规定。管理职能的基本内容主要包括：计划职能、组织职能、领导职能和控制职能。

无形资产管理根据不同的标准有不同的分类，而每一种无形资产管理的分类可以成为一个无形资产管理体系。因而，无形资产管理体系包括管理要素体系、保障体系、管理层次体系、管理职能体系、管理过程体系等，这些体系相互联系、相互制约。

传媒产业无形资产管理职能体系主要包括：战略管理、组织管理、经营管理、财务管理和保护管理，其中，经营管理又包括开发和培育管理、评估管理和运营管理（见图 1-1）。

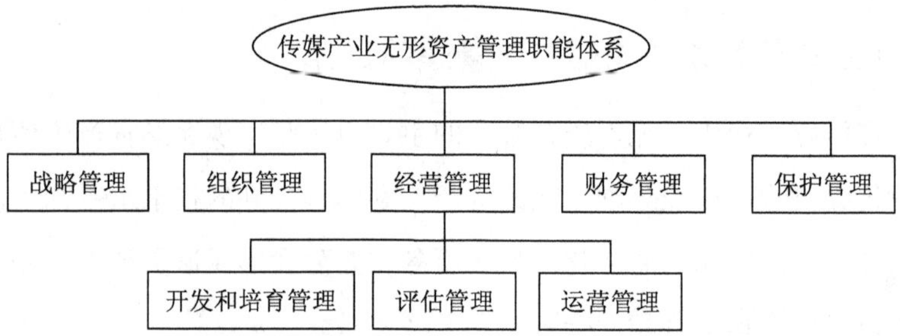

图 1-1　传媒产业无形资产管理职能体系

（一）战略管理

无形资产战略，是指传媒产业对无形资产的开发、培育、经营、评估、保护等做出的长远的、全局的、重大的总体谋划和策略，包括提出目标，确定实施目标的方针、方法和步骤等。在市场化改革进程中，传媒机构无形资产无论是对自身，还是对地区都具有重要的战略意义。

传媒产业无形资产战略管理是指为了帮助传媒机构创造和维持竞争优势，以传媒机构全局为核心，根据总体发展需要，对传媒无形资产在一定时期内的长远发展方向、目标、任务和资源配备等做出决策和规划的过程，主要包括环境分析、战略规划、战略实施、战略评估和控制四个管理过程。一般而言，传媒产业无形资产管理具有全局性、前瞻性、动态性、风险性、长期性和创新性等特点。

（二）组织管理

组织管理是指根据传媒机构的组织形式，为达到对无形资产进行有效管理的目标，建立无形资产管理机构，合理配备人员，制定各项无形资产管理制度等工作的总称。传媒机构无形资产管理组织的合理设置，会影响到无形资产管理的效率和效益，关系到能否有效开发、核算和使用无形资产，是对无形资产进行管理的基石。

（三）经营管理

1. 开发和培育管理

传媒产业无形资产开发是指传媒机构对其拥有的无形资产的广化与深化。广化主要是指传媒无形资产的自创引进；深化主要是指对已有传媒无形资产（如名主持、名记者）的二次开发。传媒产业无形资产开发有以下几个方面的主要内容：开发的主体是广播电视台、报社、杂志社等传媒行业经济主体；开发的目的是为了取得更高的经济效益和社会效益；开发的形式是多种多样的；传媒机构无形资产开发活动是使无形资产从无到有、从少到多、从粗到精的过程。

2. 评估管理

传媒产业无形资产评估，是指资产评估师依据相关法律、法规和资产评估准则，对传媒机构无形资产的价值进行分析、估算并发表专业意见的行为和过程。简单来说，传媒产业无形资产评估就是通过适当的资产评估方法，对无形资产在一定时间点上的价值进行量化的过程。

3. 运营管理

传媒机构的无形资产运营，是指传媒机构运筹和规划自身所拥有的各类无形资产，通过兼并、重组、参股、控股、交易、转让等活动使其合理流动，以实现价值的最大增值的经营管理活动。对于传媒机构来说，无形资产运营是其资本运营管理的重要组成内容，科学有效的无形资本运营，可以充分发挥无形资本的经济杠杆作用，是传媒机构实现保值、增值、价值最大化的有效途径。

（四）财务管理

无形资产是传媒机构的核心资产，也是传媒机构非常重要的会计要素。随着传媒机构无形资产数量的增多和创造经济效益潜力的增大，加强对传媒机构无形资产的财务管理，全面、完整地统计核算企业的无形资产，始终是传媒机构无形资产财务工作的重要组成部分。传媒产业无形资产的财务管理包括传媒产业无形资产会计管理、传媒产业无形资产统计管理和传媒产业无形资产审计管理。

1. 传媒产业无形资产会计管理

传媒产业无形资产会计管理是在会计核算的基础上对无形资产进行价值管理，主要是由传媒机构的财务部门负责实施的，按照一般会计准则，对传媒机构的无形资产进行确认、计量、记录和报告，同时对传媒机构无形资产有关的经济活动实施有效的控制。

2. 传媒产业无形资产统计管理

传媒产业无形资产统计管理是指对传媒机构的无形资产进行统计监督。传媒产业无形资产统计是运用科学的统计方法和经济技术指标体系，对无形资产资料进行科学的搜集、分类和整理，描述分析传媒机构无形资产开发、运营和使用过程。在对无形资产统计进行分析时，不仅要对传媒机构无形资产管理的现状进行分析，还要对传媒机构无形资产管理中存在的问题进行分析，并提出相应的改进意见。

3. 传媒产业无形资产审计管理

传媒产业无形资产审计是对传媒企业有关无形资产经济活动和事项的审计认定，即审计人员客观地获取和评价证据，以确定无形资产认定符合既定标准的程度，并传达结果给利害关系人的一个系统过程，是传媒机构对无形资产管理活动实施有效监督的重要环节。

（五）保护管理

无形资产保护管理是指传媒机构依据现有的法律法规，采取一定的方式和方法，使传媒机构所拥有的无形资产及其所带来的经济效益不受侵害。无形资产的保护是为了维护传媒机构的权利，如果缺乏必要的保护措施，对传媒机构的损害甚至会无异于没有该项无形资产。无形资产按保护对象可分为商标权保护、著作权保护、特许经营权保护、商誉保护等；按保护手段可分为政策保护、法律保护、行政保护、制度保护、舆论保护和经济保护等。对无形资产保护一般要遵循全面性、多样性、过程性和规划性原则。

第二章　传媒产业无形资产的战略管理

第一节 传媒产业无形资产战略管理的现状与意义

一、传媒产业无形资产战略管理的现状

在我国，由于历史原因和传媒产业的特殊性，传媒机构一直不重视无形资产的管理，更不用说将无形资产管理上升到战略阶段。相应地，无形资产战略管理在传媒机构中存在较多问题，影响着传媒产业的发展。问题主要有以下几个方面。

（一）无形资产战略管理观念滞后、意识薄弱

在我国的传媒机构中，多数管理者忙碌于日常事务中，轻视或曲解管理的现象相当普遍。无形资产的隐蔽与不确定性，导致人们长期缺乏无形资产管理观念。例如，有的传媒机构管理者为了提高知名度，无意识地向外界披露领先的科技和保密技术，致使专利权被竞争者率先取得，从而失去了专利产品生产和转让技术所能获得的收益；有的传媒机构不首先申请专利，反而先发表论文，致使技术秘密泄露；还有的传媒机构在投入大量资金研发出产品后，没有及时申请专利或商标，导致竞争者大量仿制并占得先机。

（二）无形资产投资决策科学依据不足，经营决策未能服务于长远战略发展

在无形资产投资预测和决策中，对经营无形资产缺乏明确的目标，部分事业单位的无形资产信息尚无完整记载，更缺少全国范围内的无形

资产信息网，而传媒机构业经营只顾眼前利益，没能从战略高度考虑长远发展。

（三）国内无形资产战略管理在研究力度和深度上有所欠缺

目前，无形资产战略管理有组织、有计划的大型研究项目和研究机构不多，仅有少数研究部门、学校、企业、事业单位对无形资产战略管理进行过个别研究，而缺少特定研究机构对无形资产战略管理的深入研究。对无形资产战略管理研究的重要性和必要性认知不足，不清楚无形资产管理战略研究对国家政治、经济、科技、文化、教育和社会等方面的重大意义。

（四）无形资产管理战略法律制度与方法亟待完善

改革开放以来，我国在保护无形资产方面已制定出许多法规政策，但和发达国家相比还有一定差距。主要表现为法规体系不健全、不完善，有法不依，执法不严。当前，虽然传媒机构为有形资产设置了专门管理机构，配有专职管理人员，制定了完备的管理制度，但是却鲜少有无形资产战略管理机构、管理人员和管理制度。

（五）无形资产评估结果缺乏真实性

在我国最早实现股份制的企业绝大多数没有进行无形资产评估，现有企业股份制改造，同样也没计入无形资产的价值，在和外商的合作合资中，对商业信誉、经营资质等无形资产没有计价折股，使一些传媒机构丧失了许多竞争机会。另外，无形资产的评估也不规范，许多传媒机构忽视无形资产的开发和利用，评估机构受经济利益驱动顺应被评估单位的需要做出评估，也造成了无形资产流失和经济损失。

二、传媒产业无形资产战略管理的意义

在市场经济条件下，无形资产的管理在传媒产业的发展中具有举足

轻重的战略地位，它是管理决策中的一项重要决策。只有重视并做好传媒产业发展过程中的无形资产战略决策，才能推动市场经济的快速、稳定、可持续发展。只有充分地认识到无形资产战略管理在传媒产业中的地位，才能正确地做出符合传媒产业特点的无形资产的战略决策，充分发挥无形资产战略的巨大作用。

（一）重视无形资产战略管理可以形成传媒机构价值的驱动力

随着经济进入“新常态”，无形资产比有形资产更能决定经济的发展，经济增长模式也不再是以劳动力经济加自然资源经济为主导，而是以知识经济、互联网经济和共享经济为核心。因此，单纯地依靠有形资产生产来维持企业持续的竞争优势与价值增长，势必导致企业落后和经济下行，而无形资产则以其独特的经济属性在传媒机构生产经营和价值增长中发挥着越来越重要的作用，这些独特的经济属性组成了传媒机构价值创造的驱动力。

（二）重视无形资产战略管理可以强化传媒机构知名度

企业知名度是指公众对企业名称、商标、产品等认识和了解的程度，它关系着企业的影响力和竞争力，它整体上反映了企业的社会地位，是评判企业强弱的一个重要指标。传媒机构知名度是传媒机构文化的重要组成部分，传媒机构名称的选取、传媒机构的商誉、专业技术的价值与影响力、传媒机构员工的素质水平等都对传媒机构知名度有显著影响。传媒机构要生存和发展，并在激烈的行业竞争中取得核心竞争力，就必须重视无形资产战略管理，在战略层面上打造良好的形象，从而努力提高传媒机构的知名度。

（三）重视无形资产战略管理可以打造传媒机构核心竞争力

对传媒机构而言，若要生存就必须具有一定的核心竞争力。传媒机构的核心竞争力是传媒机构在市场竞争中得以生存和发展的必要功能，是传媒机构的比较优势。传媒机构重视无形资产战略管理，打造良好的商誉和品牌，形成重要技术性专利和高素质水平的人才队伍，这就意味着传媒机构可以形成较高的科技水平、制造水平、管理水平、营销水平和素质水平，从而形成良好的造血能力和发展潜质。因此，只要传媒机构重视无形资产战略管理，传媒机构就可以在国内外市场上显著提高竞争力。

（四）重视无形资产战略管理可以增强传媒机构的经济实力

传媒机构的无形资产是传媒机构的科技水平（专利技术和非专利技术）、知识水平（著作权和出版权）、管理水平（优秀的企业使命、愿景、价值观）和素质水平（高素质的团队）的综合体现。传媒机构重视无形资产战略管理，通过提高传媒机构在科技、知识、管理、素质等方面的综合水平，必将增强传媒机构的经济实力，夯实传媒机构的经济基础，使传媒机构的经济得到快速、稳定、可持续的发展。

（五）重视无形资产战略管理可以扩大有形资产

传媒机构的无形资产与有形资产间可以相互转化。目光远大的管理者越来越认识到，无形资产转化为有形资产对传媒机构的巨大作用。第一，良好的无形资产可以形成聚集效应，吸引各行各业的人才，从而迅速达成传媒机构各层次的战略目标；第二，良好的无形资产可以创造出质量优良的产品，从而形成良好的客户体验并提高客户满意度，扩大市场占有率、销售额和利润，也不会因产品滞销和产能过剩而使资金回流中断；第三，良好的无形资产可以促进传媒机构融资和资金回流，既能获得商业银行的信任，也易获得股民的支持。

（六）重视无形资产战略管理可以扩张资本

扩张资本规模是企业的目标之一，以适应资本经营的需要，从而赚取更多的经济利润。传媒机构扩充资本，除了传媒机构内部积累、直接融资、增发股票或配股等方式之外，还可以通过无形资产扩张资本。传媒机构通过无形资产扩张资本有两种方式，一是出售或转让某些无形资产，如专利权、非专利技术、商标权等，从而获得货币资本；二是以无形资产为资本，作为纽带或进行投资，实行企业兼并或联合收购等，从而扩张资本规模。

（七）重视无形资产战略管理可以提高传媒机构的环境适应能力

重视无形资产战略管理可以提高传媒机构对外部环境的适应能力，尤其是对日新月异的国际环境和社会环境的适应能力。一方面可以加强互惠传媒机构之间的良好合作，建立较为稳定的产销关系；另一方面也可以减少甚至避免因社会舆论而引起的公众质疑和攻击，从而获得公众的欢迎与爱戴，在国际间形成较高的信誉并经久不衰。

良好的无形资产还可以改善传媒机构的内部环境，从而更好地适应外部环境。通过加强无形资产中文化的建设，可以使传媒机构和员工形成相同的价值观和愿景，从而促使员工形成较强的凝聚力和向心力，提高员工、部门、组织等各个层级的工作绩效。

（八）重视无形资产战略管理可以提高传媒机构经济效益

无形资产战略管理的最终目标是提高传媒机构的经济效益，将无形资产与有形资产有机结合能够显著提高传媒机构的经济效益。无形资产提高经济效益的主要途径是：提高商誉、加强传媒机构间战略合作，降低平均交易费用；争创名牌，以市场优势和优价获取更多利润；出售或转让专利权、非专利技术、商标权等，取得货币收益；以无形资产投资，取得稳定的投资收益等。

传媒产业无形资产战略管理是基于中国现实存在的客观需要：“市场缺陷”“产业发展”以及“政策滞后”之间的矛盾要求政府和传媒产

业共同制定产业无形资产战略，政府层面要制定与时俱进的国家无形资产战略，产业层面要建立产、学、研相结合的联合互补机制和良好的产业无形资产管理行为规范，传媒机构层面要激发内生动力，不断创新自身的各种无形资产，并应用科学、合理的方式管理无形资产，从而提高传媒机构、产业、国家的整体经济效益。

传媒产业无形资产管理的基本要求是：符合国家的产业结构调整政策，适应产业结构升级和发展支柱产业的需要，有助于促进现有传媒机构技术改造。

第二节　传媒产业无形资产战略管理的内容

一、传媒产业无形资产战略管理的概念

战略管理是指对事关传媒机构兴衰成败的重大紧急事务的谋略及其实施全过程的动态管理。无形资产战略是指对无形资产的形成、利用、开发、效益和保护等做出的决定全局的、重大的筹划和对策，包括提出目标，确定实现目标的方针、方法和步骤等。

无形资产战略管理是为创造和维持竞争优势，根据总体发展需要，对无形资产战略的内外部环境分析、战略规划、战略选择、战略实施、战略评价与控制进行管理的行为过程。无形资产战略管理具有三种特征：长期性、全局性、有效性。长期性体现的是一个长远的目标与计划，通过长期规划实现对传媒机构无形资产的科学管理，长期战略一般在5年以上，中期战略为2~5年，短期战略为1年左右。长期战略规划需要在各个季度、时期、短期战略的基础上实现。

二、传媒产业无形资产战略管理的分类

（一）公司层战略

公司层战略有三种战略模式：发展型战略、稳定型战略、收缩型战略。公司层战略的重点一般有：公司内的资源如何有效配置组合并合理分配；各个下属单位如何提高绩效、相互协调聚集团队的竞争优势；根据公司的体制和战略目标如何开拓新事业、进入新领域等。

1. 发展型战略

发展型战略是一种积极进攻型的战略，强调的是企业的快速发展，即通过一些方式和手段来扩大企业的经营活动和范围，从而获得更快的发展速度和更大的企业规模。发展型战略的特点包括：①在产品市场的增长速度和规模增速很快；②利润率远远超过同行业的平均水平；③一般不会通过价格战的方式来与竞争者对抗；④大力提倡和鼓励组织创新。

采用发展型无形资产战略的传媒机构往往将核心资源和关注点放在无形资产的开发上，通过自主研发或从外部购买专利技术、非专有技术、商誉等无形资产来迅速扩大传媒机构的发展规模，加快传媒机构的发展速度。在“大众创业、万众创新”的政策导向下，大多数传媒机构通过开发或创造知名品牌或商誉等无形资产来实现传媒机构的迅速扩张。

2. 稳定型战略

稳定型战略是不追求过高的发展目标，不愿创新和变革，仅仅是遵循与过去相同的战略目标，并保持一定的发展速度。稳定型战略强调的是企业的安全经营。稳定型战略的特点包括：①企业安于现状，往往追求的是既定的或与过去相同的经营目标；②企业的经营业绩按一定比例平缓地上升；③企业不鼓励创新和变革，害怕承担风险，提供与过去相同的服务和产品；④外部环境比较稳定。

采用稳定型无形资产战略的传媒机构将核心资源和关注点集中在无形资产的保值而不是开发上。在快速变化和复杂程度日益增加的环境下，施行稳定型战略的传媒机构显得无法及时调整自身的发展来适应大环境的变化趋势，因而长时间内容易因市场变化而被动变革甚至淘汰。

3. 收缩型战略

企业的发展具有周期性，通常要经历萌芽、出现、成长、成熟、衰退五个阶段。当企业发展到衰退期时，往往需要裁减掉一些业务和产品线来节约开支与成本，从而进行企业的重组和转型，此时企业采取的战略大多是收缩型战略。收缩型战略强调的是通过去除那些多余的或无法给企业创造利润的非核心业务，从而集中资金和力量来发展企业的核心竞争力。收缩型战略包括转向战略、调整战略和清算战略三种。转向战略是指减少企业在某些亏损领域（如市场、产品线等）的投资，主要目的是改变企业中资源的流向，把通过这种战略获得的资源投入到企业中更需要资金或发展潜力大的领域。调整战略是指企业通过更换管理层、加强成本控制、出售不良资产等方式提高运营效率，企图扭转企业财务状况欠佳的局面。清算战略是指当企业发展自己在市场中无法取得必要的生存机会或竞争优势越来越不明显时，企业只能通过拍卖资产或停止经营业务等方式来止损。

采用收缩型无形资产战略的传媒机构往往将核心资源和关注点集中于具有核心竞争力的无形资产上，剔除掉那些对传媒机构贡献不是很大的无形资产。处于衰退期的企业应该十分明确自身所处的情境，及时调整战略，转让或出售一些偏离传媒机构核心竞争力的无形资产，集中力量开发出传媒机构可持续的无形优势。

（二）事业层战略

事业层战略分为成本领先战略、差异化战略和集中化战略。事业层战略是为了寻求决定传媒机构应该如何在每项事业上展开竞争。

1. 成本领先战略

无形资产的成本领先战略是指传媒机构通过拥有独特的专利技术、非专利技术等来降低产品或服务的生产成本与宣传成本，或者通过拥有搞笑的管理方法等来降低成本和减少费用，使传媒机构的总成本低于竞争对手或市场平均水平，从而获得低成本优势。

2. 差异化战略

无形资产的差异化战略是指传媒机构通过商誉、品牌、企业文化等无形资产来实现与其他产品或服务的差异化。在现实中，品牌是实现差异化战略的最主要的方式和手段。一般情况下，一个知名品牌的产品要比非知名品牌产品的价格高出数倍。随着信息化时代的到来，人们的搜寻成本和辨别成本呈指数型增长，拥有知名品牌的传媒机构不仅能提供更好的质量保证，还能大大地减少人们的搜寻成本和辨别成本。

3. 集中化战略

无形资产的集中化战略是指传媒机构集中无形资产为某一特定的细分市场提供产品或服务，或攻坚产品线某一部分的无形资产开发，在某一地区建立无形资产竞争优势的战略。它包括低成本集中和差异化集中两种形式。创建一个区域知名的品牌要比创建一个全球知名的品牌要容易得多，因而大多数传媒机构会选择集中化战略。

（三）职能层战略

职能层战略是指管理人员为特定的职能活动、业务流程或业务领域内重要的部门所制定的战略策划，旨在为事业层战略提供一些细节，培养或巩固公司的核心竞争力。职能层战略包括生产战略、人力资源战略、市场营销战略、财务战略、研究与发展战略五种。

职能层战略在关注分工细节的同时，也注重整个结构的一致性，各个活动、流程、部门战略间保持较强的协调能力，实现相互支持和强化。因此，职能部门经理要保持与部门内部以及其他职能部门的沟通顺畅，实现职能层战略与事业层战略之间的相互配合。

（四）国际化战略

无形资产国际化战略包括宏观和微观两个方面。宏观层面主要是指国家和地区的无形资产国际化战略；微观层面主要是针对行业和企业的无形资产国际化战略。本书主要介绍微观层面的无形资产国际化战略。

1. 无形资产国际化的前提

无形资产国际化包括两个前提条件：无形资产的本土化和无形资产的有形化。①无形资产本土化是指无形资产在国内或本地区内已经发展到比较成熟的阶段，得到了本地区或国内消费者的普遍认可和接受。无形资产本土化是无形资产国际化的前提和基础，只有在国内或本地区成功运营后，才有资源和能力来向国际市场进攻。②无形资产有形化是指传媒机构通过一定的手段和途径将无形资产转化为“有形”的财富，从而实现其价值。无形资产有形化是实现无形资产的价值所在，无形资产国际化则是最大化其价值的重要途径。因此，无形资产有形化是国际化的前提条件和基础。

2. 无形资产国际化的作用

无形资产国际化的作用主要体现在以下四个方面。

（1）实现利润最大化。传媒机构为了实现利润的最大化，通常会扩大规模，增加要素投入，使传媒机构的无形资产发挥规模效应，而采取国际化的路线是有实力的企业发挥无形资产规模效应的最高形式。

（2）资本获取便利。传媒机构自主研发无形资产成本高、时间长、风险大，要想成功研发独有的无形资产，企业就必须持续不断地投入资源，并付出更多的维护费用，而无形资产国际化可以为传媒机构提供广泛的资本市场，这有利于无形资产战略管理的投资和融资。

（3）有利于信息流通。随着信息时代的到来，信息在市场竞争中的重要性越发显著，信息的及时性和准确性影响着企业决策的正确性，信息的顺利流通有利于企业和市场的正常运转。大多数无形资产的价值主要体现在其包含的信息和信息的流通上，而无形资产国际化则为信息提供了更大的流通空间。

（4）及时了解未来的发展方向。及时了解和洞悉无形资产未来的发展趋势，有利于传媒机构提前做好准备迎接市场和政策的变化，一旦发展趋势变得明显，传媒机构就能赶在竞争对手前实现转变和变革，从而获得竞争优势。无形资产国际化不仅能使企业通过在发达地区的实践，提前洞悉相对落后地区未来的发展趋势，甚至还有在不发达市场上“创造需求”的可能。

3. 无形资产国际化的方式

无形资产国际化的方式有三种：①出口商品的进入方式，包括直接出口和间接出口；②合同的进入方式，包括许可证贸易、特许经营、技术协议、服务合同、管理合同、生产合同和合作生产协议等；③投资的进入方式，包括独资经营和合资经营两种。一般而言，传媒机构在刚开始施行无形资产国际化战略时，首先应选择外部环境如经济、政治、文化等与本国或本地区相近的国家或地区，这样有利于降低进入成本和投资风险。

4. 无形资产国际化的过程

无形资产国际化的过程分为三个阶段。①被动出口阶段。在这一阶段，传媒机构只根据客户订单需求，采用间接出口或特殊项目出口的方式，在特定目标市场定量投资。②积极出口阶段。在这一阶段，传媒机构有意识地寻找国际需求，并将业务区分为国内和国际贸易两个部门。出口一般通过直接代理商、经销商或子公司。③多国导向性阶段。在这一阶段，国内和国际业务得到有机整合，国内已成为国际市场的一部分，传媒机构实施全球化发展战略，表现为全球化生产、交叉化贸易，总公司或集团总部成为监管与协调的中枢机构，主要任务是综合运用各种国际化方式管理传媒机构运作。

第三节 传媒产业无形资产战略管理过程

随着国际化的发展和知识型经济的到来，无形资产在传媒产业中发挥着越来越大的作用。无形资产战略管理基本过程可分为环境分析、战略规划、战略实施、评估与控制这四个阶段。对组织未来最重要的四个战略因素是优势、劣势、机会与威胁（SWOT），无形资产战略管理过程中包含反馈与学习，必须根据实际需要经常修改或调整原先决策。

一、环境分析

无形资产战略管理首先要进行环境分析，环境分析既是做出战略决策的先决条件，也是保证战略决策正确性的前提条件。环境分析是从外部与内部环境中监测、评估与提取信息，它在很大程度上决定了战略的选择范围。环境分析的主要目的是明确外部环境中存在的机会与威胁，掌握内部环境存在的优势与劣势，为下一步战略规划做好准备。

企业环境包括企业外部环境和企业内部环境，其中，企业外部环境又可分为宏观环境和行业环境。宏观环境通常包括政治、经济、文化、法律、技术、人口、全球化等因素。行业环境主要包括行业规模、竞争范围、竞争结构、所处生命周期、行业盈利水平、进入或退出壁垒、规模经济、技术和产品革新速度等因素；内部环境包括企业资源、企业能力、企业文化等因素。外部环境分析的核心是寻找无形资产管理环境的机会和威胁变量，从中了解无形资产管理的产业环境、国内环境和国际环境；内部环境分析的核心目的就是要寻找出组织自身的优势和劣势变量。

传媒机构在对无形资产进行投资或开发之前都必须对其内外环境进

行分析和评估，这样一方面可以比较清楚地了解市场的发展趋势，另一方面可以降低无形资产投资的潜在风险。

在进行环境分析时，具体可以参考图 2-1 的战略管理环境分析模型和表 2-1 的宏观环境分析要素说明。

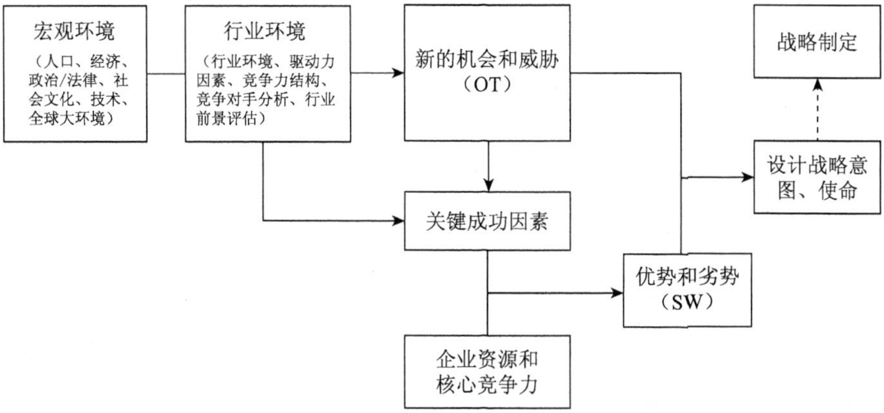

图 2-1 战略管理环境分析模型

表 2-1 宏观环境分析要素说明

人口	总人口、年龄结构、地理分布、民族构成、收入分布
经济	通货膨胀率、利率、贸易赤字或顺差、财政赤字或盈余、个人储蓄率、商业储蓄率、GDP、区域经济状况
政治法律	反垄断法规、税法、取消管制的趋势、国际贸易规则、知识产权法规、劳动保护和社会保障
社会文化	对工作生活质量的态度、对环境的敏感度、道德价值判断、对产品和服务偏好的变化
技术	产品创新、技术应用、民间和政府研发费用的流向、新的通信技术
全球大环境	重要政治事件、关键的全球市场、新兴工业化国家、不同的文化和政治体制

二、战略规划

无形资产战略管理最复杂的环节就是战略规划，战略规划是组织为了更有效地管理无形资产运营环境中的机会与威胁，根据自身优劣势制定的与传媒机构内外部环境相匹配的长期行动方案。战略规划主要包括战略预测和战略决策两个阶段，战略预测就是通过大量的调查研究工作，明确传媒机构当前的使命和发展战略目标，确定无形资产管理的目标，从而提出无形资产战略管理的初步预测方案。战略决策就是详细分析无形资产的多种预测方案，从不同角度权衡各种方案的利弊，选择最适合当前环境下传媒机构发展的方案作为行动的指导。

（一）明确当前使命和发展战略目标是战略规划的首要前提

无形资产战略管理是传媒机构战略管理中的一个重要分支，为组织战略目标的实现而服务。因而，为了防止无形资产战略管理的目标偏离组织战略目标，就必须首先明确传媒机构当前的使命和发展战略目标。值得注意的是，组织的使命和发展目标应当与组织的内外部环境相适应，并且应随传媒机构内外部环境的快速变化而适当调整，所以在指组织的使命和发展目标时要保持一定的灵活性。

（二）确定无形资产管理目标是无形资产战略规划的关键

无形资产管理目标是无形资产战略规划的核心，是传媒机构无形资产管理活动的行动方针。无形资产管理目标应体现以下四点要求。

第一，目标的系统性要求。传媒机构无形资产管理目标应是一个目标体系，这一目标体系包含各种类型的目标；既有定性目标，也有定量目标；既有质量目标，也有水平目标与速度目标。

第二，目标的层次性要求。传媒机构所确立的无形资产管理目标具有树状结构，上层是传媒机构无形资产发展总目标，下层是部门目标或职能目标，上下级目标之间构成了“目的—手段链”。

第三，目标的挑战性与可达性要求。无形资产管理目标应是在传媒机构现有的内外部条件与环境下，经过传媒机构全员的努力才能够实现的。如果目标制定得太高，就会挫伤员工的工作积极性，从而影响无形资产的有效管理；如果目标制定得太低，就会影响无形资产管理的进度，从而被激烈的市场竞争所淘汰。

第四，目标的时间性要求。列入规划的战略目标虽然主要体现为长期目标，但也需要在具体实行时分解成中期目标、短期目标，否则战略目标就会成为空中楼阁，让员工多走许多弯路。

（三）无形资产战略实施方案的制定直接关系到战略目标的实现

在确定无形资产战略实施方案之前，还需要制定备选方案并对比备选方案。一般情况下，备选方案需要制定三个或三个以上。值得注意的是，备选方案在一定程度上越多越好，这就需要积极组织成员参与到备选方案的制定中来，通过员工们的头脑风暴形成不同类型的、独居特色的备选方案。在制定备选方案之后，管理层应对比各个备选方案的优缺点，充分权衡各个备选方案的可行性，根据传媒机构战略目标和无形资产管理目标选择最适合的方案。

三、战略实施

战略实施是为了实现传媒机构战略目标而执行战略方案的过程，即将战略方案转化为实际行动的过程。衡量一个战略方案有效性的重要标准就是考察战略方案的可执行性。每个好的战略方案都有其特定的实施环境和实施时机，如果在错的时机下实行战略方案，只会得不偿失。

无形资产战略实施包括实施目标、实施方式、实施措施、实施步骤四个方面。

（一）实施目标

根据涉及范围划分，实施目标可分为整体实施目标和局部实施目标；根据时间长短划分，实施目标可分为长期目标和短期目标。因此，在确定无形资产战略的实施目标时应注意目标的区分，并协调好短期目标与长期目标、整体目标和局部目标之间的关系。

（二）实施方式

实施方式是指实现战略目标的途径和方法。由于不同传媒机构的战略目标、产品特点、规模不尽相同，因此，必须根据传媒机构自身的特点和所处的内外部环境选择最合适的战略实施方式，盲目地模仿、照搬其他传媒机构的战略实施方式很可能导致战略实施的失败。战略实施要做到有理、有序、有节，要权衡实施战略目标的优先级，并对在战略实施中可能产生的风险和结果进行预判。

（三）实施措施

实施措施是实现战略目标的具体措施和方案，是实施方式的具体化表现。战略实施的具体内容包括四个方面：第一，制定计划，针对无形资产的内容制定相应的具体措施，并形成时间序列的计划；第二，按措施项目实行责任制约措施，将措施匹配到具体部门和具体岗位、人员；第三，制定投入人力、物力、财力方面的保证措施；第四，选择合适的媒介和渠道，进行宣传并扩大影响。

（四）实施步骤

实施步骤就是将战略实施的过程分为若干个具体的阶段，从而逐步实现战略目标的全过程。在确定战略实施步骤时，应注意将实施步骤与实施目标紧密结合起来，在每一个步骤中都应有一个目标与之相对应，确保每一个步骤中的实施目标都能切实完成，最后一步步向总的战略目标靠近。

四、战略评估与控制

评估与控制就是在无形资产的各个战略实施过程中监督组织的管理活动，评估管理成果，其目的是通过科学合理的评估比较实际成果与战略目标的差距。其过程包括决定评估对象、建立评估标准、评估实际成果、对比实际成果和评估标准、采取纠正措施并再次评估等。

评估与控制是无形资产战略管理的最终环节，它能有效地检测战略实施过程中的问题，并给予及时调整和修正，保证战略管理的质量，确保战略目标的最终落实。评估和控制的有效性取决于管理者能否从组织层级较低者处获得准确、客观的信息，真实有价值的信息可以帮助管理者理解战略管理行为及结果的性质和程度，指导管理者实施明智的应对措施，从而保证战略目标的实现。

第三章 传媒产业无形资产的开发与培育

第一节　传媒产业无形资产开发概述

一、传媒产业无形资产开发的内容与作用

（一）传媒产业无形资产开发的概念

无形资产开发是指企业为了促进经济的发展和经济效益的提高，使用各种形式对无形资产进行的扩张。

传媒产业无形资产开发是指对传媒机构无形资产的广化与深化。广化主要是指传媒无形资产的自创引进，深化主要是指对已有传媒无形资产（如名主持、名记者）的二次开发；传媒产业无形资产开发有以下几个方面的主要内容：一是开发的主体是广播电视台、报社、杂志社等传媒经济主体；二是开发的客体是传媒机构无形资产的构成要素，如著作权、商标权、传播网络、商誉等；三是开发的目的是取得更高的经济效益和社会效益；四是开发的形式是多种多样的；五是传媒机构无形资产开发活动是对无形资产的广化和深化，是使无形资产从无到有、从少到多、从粗到精的过程。

（二）传媒产业无形资产开发的价值

知识经济的到来使得经济全球化的程度逐渐加深，不同国家、地区之间的企业联系越来越紧密，传统的企业之间的竞争形式正向无形资产竞争的方向悄然变化，知识产权等无形资产成为在竞争中制胜的关键。在这之中，企业品牌、专利权、商标权、人力资本、商誉等越来越受到经营管理者的重视。

1. 降低成本

从长期来看，无形资产的开发有利于传媒机构降低经营成本，以有限的投入换取更大的价值。它能通过促进资本联合、集中的方式，使传媒企业实现低成本扩张，从而达到规模经济。著名的可口可乐公司的制胜法宝就在于其辨识度极高的商标和独特的配方，这种宝贵的无形资产为它带来了巨大影响力以及全球合作伙伴的信赖与认可，使它在产权兼并、购买、联合、参股、兼并、收购等活动中获得优惠的同时，也实现了低成本扩张战略。一般而言，无形资产开发的前期投入往往十分巨大，且不能立刻转换为经济收益，前期成本较高。但是，大部分无形资产一旦开发完成后，后续使用的边际成本非常小，所以从长远的角度来说，无形资产开发对传媒机构经营成本降低的作用不可忽视。无形资产的开发，就像是一种新技术的开发一样，能帮助传媒机构节约资源，从而在市场上具有竞争优势。

2. 扩大传播覆盖面和提高效率

传媒机构无形资产开发能够扩大受众群，使其能覆盖到更多不同领域的目标群体。同时，诸如传播方式、信息网络之类的开发变革也能大大提高传播的效率。在传媒行业，传播内容具有即时性的特点，尤其是新闻类节目必须及时地播报当前最热点的信息。而传媒机构所具有的渠道、信息网络等也是其重要的无形资产，网络越发达，渠道越畅通，信息传播的效率就越高。

3. 提升核心竞争力

传媒行业属于智力密集型行业，它的核心竞争力，即传媒机构具有的特有的知识与技能的结合，存在于传媒机构的无形资产之中。通过对传媒无形资产的开发，既可以提高企业的集约化经营管理水平，也能促进有形资本的合理激活、配置，使之更好地发挥作用。

传媒机构无形资产的开发能够提升传媒产品的内容质量。如知名主持人、编辑等，能向喜欢他们的大众提供受欢迎的高质量内容。一个在行业内具有影响力、公信力的媒体对热点事件的报道和评论能够帮助受众更全面地了解信息，满足其获取高质量信息的需要。传媒内容质量越高，传媒机构影响力和权威性就越强。

4. 提升用户忠诚度

传媒机构无形资产开发能扩大传播覆盖面，但是，受众是否能长期选择一个传媒产品或服务取决于他对于这个传媒品牌的忠诚度。传媒机构无形资产的开发，通过内容质量提升、传媒品牌形象建设、营销推广、与受众互动交流等方式能极大地提高受众的忠诚度。受众群体因此就会选择忠诚度高的特定传媒品牌而不是忠诚度低的品牌。

5. 提升经济和社会效益

传媒机构无形资产开发功能最终体现为效益提升。一方面是经济效益的提升，包括通过成本降低使收益增加，以及效率和质量的提升带来的收益增加，并且这种效益一般体现为给传媒机构带来的超额利润。如果传媒机构只关注了有形资产的经营，则在经营状况最理想的情况下也只能达到市场的平均利润率。而获得超额利润的关键就在于无形资产的开发与培育。诸如 CNN、HBO、ESPN 等知名国际传媒机构，它们通过自己强有力的品牌形象和优秀的商誉获得了巨大的竞争优势，也为自己带来了更多的超额利润，使其不断地焕发活力。

另一方面是社会效益的提升，体现在传媒品牌的权威性和社会影响力方面，有利于受众更好地识别传媒品牌。

6. 推动技术和产品的开发

传媒机构无形资产是没有实际形态的，但无形资产的价值最终能通过技术和产品的成果化加以体现，无形资产转化能够把知识形态的生产力转化为现实生产力。例如，美国迪士尼公司著名的“米老鼠”形象为全世界所熟知，在荧幕之外，迪士尼公司打造了以“米老鼠”为主题的一系列图书、音像制品、玩具、服装、家居用品甚至是主题乐园等衍生品，形成一条包括2400多种商品在内的完整产业链。

（三）传媒产业无形资产开发的途径

传媒机构对无形资产进行开发，可以从理念创新、市场创新、内容创新、经营管理机制创新四个方面入手，探索各类无形资产开发的方法。

1. 理念创新——理念完善

理念创新是其他创新的先导，传媒机构的经营理念是制定其发展战略的基础，战略为了实现理念和愿景服务。理念是发展的基石，但是在组织的变革中，面临的最大障碍往往也是理念上的创新。理念完善就是对于原有经营理念的补充和加强。

2. 市场创新——市场扩张

市场创新包括两个方面：一是开辟一个新的市场，即进入一个从未进入的市场；二是把其他行业的旧元素引入到不同行业进行新的组合。市场扩张就是在原有市场的基础上，扩大市场的范围。

3. 内容创新——内容改进、引进和模仿

内容创新指对于传媒产品的专项开发，其传媒产品的内容、模式等都是全新的，是一个从无到有的过程，难度较高。但是如果创新成功，会在行业内取得很大的影响并产生标杆效应。相比之下，开发深度一般、难度较低的是改进、引进和模仿。改进是在原有内容的基础上通过要素的“新组合”而实现内容的创新；引进是指直接从外部通过购买的方式引进无形资产，如《中国好声音》《中国达人秀》等电视节目就是引进的外国节目品牌；模仿就是仿照已有的传媒产品来进行制作，如在江苏卫视的王牌节目《非诚勿扰》火了以后，各电视台相继出现了模仿它形式的生活服务类节目。

4. 经营管理机制创新——经营管理机制完善

经营管理机制的创新包括内部的管理体系建设、企业文化建设、开发组织形式、制定规章制度和管理办法、制定人力资源战略和广告营销战略等方面。经营管理机制完善则主要侧重于对上述方面开展情况的反馈、评估、修正等。

二、传媒产业无形资产开发的具体方法

（一）自创

传媒产业无形资产的自创是一种有计划的、创造性的智力活动，目的是开发高质量的传媒产品或者高质量的人力资本、组织资本和关系资本。自创传媒无形资产的过程与其他企业进行研发无形资产的过程类似，都要先进行市场调查和可行性研究，再进行策划和相应的开发工作，最后取得相应的成果。

传媒机构应该通过各种手段提高自己的传媒无形资产开发能力，充分发挥有影响力的人力资本（如主持人、编辑）的作用，做好内容的打造，带动整个传媒机构的创新氛围。一些有影响力的传媒机构会专门设置内容的策划机构，致力于新的节目、专栏等内容的开发。

传媒机构在进行无形资产的自创的时候，要充分考虑以下几个方面：第一，要充分考虑市场和受众的情况。创新要求敢为行业之先，但是别人的没做过的东西也必须是符合市场需求，能被大众广泛接受的东西。所以传媒机构自无形资产自创时就应充分做好市场需求调研，有选择、有目的地进行开发。第二，传媒机构在进行开发时，要充分考虑自己的实际情况和条件，不能盲目投入，要将自身的现状同行业内外的竞争者的现状进行比较分析，确定与自己相适应的目标和规模。传媒机构无形资产开发工作要重视产品的试播、试发行等，及时发现、解决问题。

（二）引进

随着知识经济时代的到来，无形资产的作用在竞争中越发明显，借鉴国内外优秀的传媒产品与优秀传媒机构的管理经验的无形资产引进，在传媒机构发展的作用中日益凸显。传媒机构无形资产引进能够提高传媒机构的内容质量、优化传媒产业结构、加速经济发展、避免重复开发、提高效益等，是一种媒体在发展中必须用到的方式。传媒机构无形资产的引进实际上是对无形资产的一种投资，需要进行科学的决策，对各种投资方案要进行慎重的选择。

传媒无形资产引进对于发展中的传媒机构来说是一种非常好的方式，因为这样可以大大减少自主研发新技术、开发新内容所带来的高投入和高风险。如我国许多电视台主要引进了欧美、韩国等国的知名电视节目，结合中国具体环境进行改版，一经推出便大受欢迎，带来了巨大的社会影响和经济收益。在引进传媒无形资产的过程中，一定要注意对引进资产的消化、应用和改进，让其成为适应本土环境和与传媒品牌紧密结合的专有资产。

1. 引进内容

传媒机构无形资产引进的内容主要包括智力型和人力资本型两个方面。上文已经提到，传媒机构无形资产的开发对象主要可以分为智力型、管理型、人力型、市场型。对于无形资产的引进而言，管理型和市场型无形资产与传媒机构自身的关系较大，难以分离，更别说转让和交易，所以适合引进的传媒类无形资产一般也可分为智力型和人力型两类，具体见表3-1。

表 3-1 传媒机构无形资产的引进内容

类型	具体内容
智力型无形资产引进	传媒产品的内容和形式等创意的专用权、专有技术、冠名权、专利权、商标、版权、著作权、计算机软件使用许可等
人力型无形资产引进	主持人、编辑、签约作家、签约艺人、评论人、撰稿人等

其中，专利权引进，如相关传媒产品的专利权许可或转让。

商标权引进，分为商标权许可使用和商标权转让两种类型，其商标一种包含专利、专有技术；另一种不包含专利、专有技术。

著作权引进，如取得境外授权，以图书形式翻译或重印境外作品；音像制品著作权许可；电子出版物著作权许可等。

技术引进，如专有技术的许可和转让；技术咨询、技术服务，合作设计、合作研究、合作开发和生产等。在引进技术时要选择先进的、适用的、具有明显经济效益的技术。

2. 引进形式

在全球化和市场经济条件下，无形资产的引进主要有以下两种形式。

（1）购买。无形资产引进的传统方式是用自有资本购买外部的传媒无形资产，如内容和形式的使用权、商标、版权等。对于人力资本引进，采取签订劳动合同或者其他的签约形式。购买交易的方式是一种比较传统的引进无形资产的方式，但这种方式对于经济效益的提升速度快、作用大，对于传媒机构经济发展有着非常重要的作用。

（2）投资。无形资产投资指的是传媒机构与国内外其他传媒机构或经济组织进行的有无形资产参与的投资活动。通过投资来引进无形资产主要是指在吸引其他企业投资的同时带来了先进的技术。可以以无形资产入股的形式来进行合作开发和经营等。外商投资可以以入股的形式引进专利权、非专利技术、商标、商誉等无形资产。无形资产入股的条件有两个：一是明确的权属。能够证明权属关系的文件有专利证书、专利技术的有关资料、专利实施许可合同、商标注册证书、著作权证书等。二是价值可确认，并且经由评估机构评估。

3. 注意的问题

无形资产的引进要注意的问题有：首先，引进要以经济效益为导向，在满足市场需求的基础上，保证能给传媒机构带来持续的超额利润。其次，传媒机构在进行无形资产的投资过程中，要摆脱原有的陈旧观念，不仅仅是重视一般项目的投资和短期投资，而且要重视对其他传媒品牌、人力资本等的投资和其他的长期投资。这样才能提高传媒品牌的生命力，促使其长远地发展。最后，在进行投资时，一定要处理好外部引进与自创之间的关系，结合传媒机构本身的水平和条件，将那些无力开发或者开发成本太高的技术从外部引进，甚至是从国外引进，并辅之以自主开发，提高自己的开发水平。要将传媒机构自有的无形资产和引进的无形资产有机结合。结合得好，则能给传媒机构带来正面效应；否则，有可能给传媒机构带来负面效应。

总之，无形资产开发是一项重要且长期的工作，传媒机构要制定完善的筹资计划，并集合投资的规模、内容、时间、相应的风险和效益等制定适当的实施策略，保证无形资产投资的顺利进行。

第二节　传媒产业无形资产的培育与传媒品牌的塑造

一、传媒产业无形资产的培育与传媒品牌的塑造

无形资产的形成是一个很漫长的过程。传媒无形资产通常可以通过传媒机构品牌的培育和塑造来生成。换言之，传媒品牌的塑造过程也是

传媒无形资产的培育过程之一。

传媒品牌是传媒机构无形资产的重要组成部分，在现代市场经济条件下，知名品牌是一种最具有价值的无形资产。而且，从某种程度上说，传媒品牌为传媒机构无形资产的形成提供了良好的条件和环境。培育塑造良好的传媒品牌，有利于帮助传媒机构快速赢得受众的信赖与认可，使传媒产品能够快速占领市场，并在与利益相关者进行合作时能够获得很多优惠，促进传媒机构经济效益和社会效益的提高。

以下将对传媒品牌的培育塑造进行深刻说明，阐明建立良好传媒品牌的途径、方法和策略，进而让大家对传媒无形资产的培育方法和过程等有个清晰的认识和理解。

二、传媒品牌的基本内容

（一）传媒品牌的概念

1. 品牌

“品牌”一词的雏形来源于古时候游牧民族在马背上打的烙印，用以区分不同的所有者。现代品牌的概念是在营销学、传播学、公共关系学、心理学、社会学等学科研究的基础之上诞生的。随着经济社会的发展，品牌的概念也慢慢深入人心。在我们生活周围，随处可见与我们息息相关的知名品牌，例如可口可乐、索尼、苹果、福特、宝洁、微软等。品牌也随之成为传媒机构在市场竞争中的制胜法宝。品牌的产生，是商品经济发展到一定阶段的必然产物，是人们在商品与服务之上更深层次探索用户、传媒机构等之间关系的结果。品牌学研究发展至今，学者们从多方面对品牌进行了定义，主要有以下几类。

（1）形象象征论。这类观点认为，品牌代表着某产品或服务在市场上所具有的独特形象和象征，借以同其他的产品或服务区分开来。例如，美国市场营销学会将品牌定义为一种名称、术语、标志、符号、设计，或将它们结合使用，从而让消费者能够辨别厂商特定的产品和服务，并能与其他竞争对手的产品和服务区分开来。知名广告大师大卫奥格威认为，品牌是产品的属性、名称、包装、价格、历史、声誉、广告风格的无形组合，是一种错综复杂的象征。这类观点侧重于品牌的体现形式。

（2）联想行为论。这类观点认为，品牌是消费者对产品或服务的感知，是存在于消费者的内心和想法中的，能促使其产生某些行为的联想与感受。美国学者汤姆·邓肯和桑德拉·莫里亚迪认为，品牌存在于利益相关者的内心和想法中。美国行销科学学会提出，品牌资产就是品牌的受众、渠道相关者、母公司等对于品牌的联想和行为。这类观点侧重于体现品牌在作用过程中，各利益相关者的关系。

（3）附加利益论。这类观点认为，品牌本身就是一种提供给消费者的、能带来附加利益的产品。琼斯认为，品牌是一种不仅能提供给受众本身的功能性利益，还能给受众带来附加利益的产品。除了顾客之外，品牌也能给传媒机构带来附加利益。这类观点主要从品牌资产的角度定义品牌，将品牌直接转化为一种能够为传媒机构带来收益的、可测量的无形资产。

2. 传媒品牌

传媒品牌是品牌学理论在传媒行业实践的结果。同其他产业类似，传媒产业的经营发展也要遵循市场经济的一般规律，传媒品牌与其他产业的品牌既有共性也有差异。传媒品牌的核心是品牌，传媒限定了行业范围（传媒）以及载体（广播、电视、报纸、杂志等）。薛可、余明阳对传媒品牌的定义是能给拥有者和受众带来溢价、产生增值的一种无形资产，它的载体是以和其他竞争企业相区分的名称、术语、象征、记号或设计及其组合，增值来源于消费者心智中形成的关于其载体的印象。我们认为，传媒品牌指的是能给传媒机构带来附加价值、产生增值的一种无形资产，它的载体是用以和其他竞争者的传媒产品相区分的名称、术语、象征、记号或设计及其组合。传媒品牌的增值作用是通过在消费者的心智中形成特定的印象来实现的。

3. 传媒品牌与其他品牌异同

传媒品牌与其他产品品牌存在共性——都是无形的，并且需要通过一段时间的累积和市场检验。

传媒品牌与其他产品品牌还存在差异性，主要体现在以下两方面。第一，维护难度高。传媒品牌的维护周期一般较短，且维护成本较高，原因是传媒内容有即时性、难以留存的特点，需要经常更新，有时候晚一点发布就没有了意义；再者传媒品牌与受众的关系十分紧密，需要时刻受到受众的关注和监督。所以不仅在品牌建设过程中要小心谨慎，在品牌受到普遍认可后也要时刻注意维护品牌形象，否则花了许多时间和精力建立起来的品牌知名度、忠诚度就会很快消失。第二，难以形成对品牌的依赖性。过去，民众获取信息的途径较为单一，容易对特点媒体形成依赖，但在如今的互联网时代，资讯十分丰富，自媒体等的出现又使得媒体话语权被分散，单独的传媒品牌在信息传递上有局限性，很难让受众产生依赖心理，容易被替代。

（二）传媒品牌的特征

传媒品牌具有以下四方面特征。

第一，依赖于受众忠诚度。在传媒机构竞争中，培养一批长久依赖品牌的受众尤为重要。可以说打造传媒品牌的过程就是培养受众忠诚度的过程。传媒品牌必须成为受众获取信息、休闲娱乐的途径，还可以真正成为他们发表判断和观点，表达的平台，使他们产生情感忠诚和行为忠诚，进而产生持续的消费过程。

第二，注重内容。传统的产商吸引顾客靠的是高质量的产品和服务，而传媒品牌所呈现给受众的产品或服务，主要就是其独特的、有吸引力的内容。

第三，媒体的个性化表达。传媒品牌有强烈的意识形态性和个性特点。如今，人们获取信息的需求越来越高，传媒品牌的一个基础功能就是向受众传递信息，并提供服务。在传媒产品竞争中，平庸、空泛、缺少个性的传媒产品不能吸引人们的注意。对于传媒品牌，没有注意力就没有受众，也就没有了市场。媒体想要从市场竞争中脱颖而出，就要有区别于其他媒体的个性化特色。

第四，风险较高。一方面，传媒品牌非常依赖受众忠诚度，但相比之下，人们更容易选择那些好的电视节目而不是一个有名的电视台的节目，所以一个优秀传媒品牌的建立非常困难，必须持续地推出高质量的内容；另一方面，媒体承载着传递信息的功能，尤其是新闻类媒体，但是一个小小的报道失误就可能使多年经营的传媒品牌形象毁于一旦，品牌维护存在较高风险。

（三）传媒品牌的作用

当今的市场竞争已经从传统的规模经济时代转换为无形资产竞争时代，无形资产成为传媒机构发展制胜的核心，并且贯穿于传媒机构知识经济的创造、传播和应用过程。作为重要无形资产的传媒品牌同其他品牌的作用类似：有利于提升媒体的传播效果和影响力，在市场竞争中脱颖而出，获得良好的社会效益和经济效益。传媒品牌的作用主要有以下几个方面。

第一，资源的聚集整合。传媒品牌能够最大程度地整合传媒机构的资源，优化其资源配置。由于其品牌影响力的存在，能够有效吸引人流、物流、资金流、信息流，使各方面资源得到充分利用。

第二，产品增值。能够很大程度地为传媒产品带来附加价值，带来超额利润，实现利润最大化。

第三，成本降低。品牌帮助传媒机构在竞争中获得优势，与其他品牌影响力较弱的传媒机构相比，花费的成本更小。

第四，带动产业链条的发展。传媒品牌能将影响力辐射到其他行业领域，能够带动形成文化产业链条，拓展市场发展空间，催生更多市场主体。

第五，放大传媒机构知名度和影响力。品牌能够扩大媒体在一定区域中的知名程度和话语权威性，增强媒体的综合文化实力，更有利于市场竞争。

三、传媒品牌的培育路径

（一）创建阶段——找准品牌定位

传媒品牌定位是培育传媒品牌的出发点，准确定位是为了确定品牌的基调和发展方向。在完成了市场定位和产品定位之后，就要进行和特定文化取向及个性差异有关的商业决策，也就是品牌定位。它是建立一个与目标市场有关的品牌形象的过程和结果。传媒品牌定位是传媒品牌建立、开发、维护的基础，定位一旦确定以后，就不能轻易改变，并且要想尽一切办法使它顺利落地。

媒体一定是市场定位的核心和集中体现，除了综合性的传媒机构之外，各大广播电视台、杂志、报纸等都有自己明确的市场定位。传媒机构一旦选定了目标市场就要设计并塑造自己的传媒产品，打造传媒品牌，获取消费者和受众群体的认可。要实现最终产品销售的第一步就是做好市场定位，目标消费者会根据品牌承载的相关信息选择相应的商品或服务，所以，品牌可以说是连接产品与受众的一条纽带，市场定位的核心就主要体现在品牌定位上。

定位是通过打造独特的产品属性，使潜在受众的头脑中有一个明确的印象和感受，在受众心目中占据一定位置。在市场细分之后，通过品牌定位使品牌在市场上占据一定的位置。受众的品牌联想会随着需求而产生，从而与媒体品牌产生持续的联系，带来互动、消费、支持等行为。媒体品牌定位，是指传媒机构为其特定品牌确定一个适当的受众的规模、区域、类型和层次，并且能够根据受众的思维方式和心理需求，突破信息沟通障碍，使自身的传播效果，包括经济效益和社会效益都达到最佳状态。媒体品牌的准确定位必须深入了解受众市场，来确定自己的品牌发展方向，既不能一味迎合听众口味，也不能只追求与竞争对手的差异化，最主要的是了解竞争对手和自身优势，做出最优化选择，力求找到文化格调与大众口味的融合点。

1. 定位类型

优秀的传媒品牌大多有着鲜明的品牌定位，例如，我国的知名杂志《读者》多年来一直深受读者欢迎，原因就是其鲜明的品位和格调，是读者严重最醇美的心灵鸡汤。《知音》杂志以其探讨人性的美好一面打动了无数读者的内心。《销售与市场》杂志将自己定位为具有营销学学术底蕴的杂志，从而获得了商业上的成功，其 2006 年的广告收入超过河南省 300 多份期刊广告收入的总和。综合各种各样的传媒品牌，现将传媒品牌的定位类型进行一下总结（表 3-2）。

表 3-2　传媒品牌的定位类型

定位类型	具体说明
首席定位	追求第一，做最强者。如央视、新华社、《人民日报》。也可在某一领域做到首席定位，如《南方人物周刊》在人物类期刊，《21 世纪经济报道》号称“中国商业报纸的领导者”。
空档定位	2003 年创立的分众传媒就填补了传统媒体大众传播的空白。整合楼宇视频、卖场视频、户外大型 LED、手机广告，使传播内容直达受众。
受众定位	按照传媒产品与受从的生活形态和生活方式的关系进行定位。如《东方时空》的创办。热心时政者爱看《新闻联播》，百姓爱看《焦点访谈》，孩子爱看《大风车》，年轻人爱看《星光大道》《快乐大本营》，老年人爱看《夕阳红》。
文化定位	将某种文化内涵注入品牌中，形成文化上的品牌差异。《南方周末》的“新闻在路上”理念，“在这里读懂中国”。凤凰卫视的“华文文化”定位。

续表

定位类型	具体说明
情感定位	运用传媒产品直接或间接地冲击受众的情感体验而进行定位。如湖南卫视的《超级女声》在 2005 年引起收视狂潮，采用的就是情感定位。其定位在“还原你心中一个梦”，“海选”使参与者得到满足，产生共鸣。
卖点定位	Unique Selling Proposition，“独特的销售卖点”，一个产品只有一个卖点，竞争者没有的。如《英国太阳报》的“三版女郎”等都是很抢眼球的卖点。

2. 定位应考虑的内容

传媒品牌的定位应该考虑以下三方面的内容。

第一，目标受众群体。应该以市场定位基础来确定目标受众，有针对性地建立对受众有吸引力并能区别于其他传媒机构的传媒品牌。

第二，市场竞争情况。外部的市场竞争环境影响传媒机构是否能够脱颖而出，对传媒机构发展的差异化战略至关重要，而正确的市场竞争情况分析也能够使传媒机构经营的成本和风险得到适当地降低。比如当某一类型的媒体数量众多，市场已接近饱和的时候，另辟蹊径可能会具有更好的发展空间。

第三，自身情况。传媒机构应该结合自身的具体情况，挖掘自己的核心竞争力，其大多是包括版权、著作权、人力资本等在内的无形资产，要将自己的优势在定位中得到凸显。

3. 定位过程

品牌定位的过程和市场定位的过程类似，即细分市场，选择目标市场和具体定位。

第一，细分市场。消费者的需求并非同质化的，而是多种多样的，有地域性，且不同种类之间甚至会有冲突，没有一个传媒机构能够以自己有限的资源来满足所有消费者的口味。所以传媒机构需要制定一个标准对市场进行划分，再去确定自己的目标市场和人群。市场细分必须合理，定位才能准确，可以依据地理标准、人口标准、心理标准和行为标准进行相应的市场细分。

第二，选择目标市场。完成市场细分后，需要对各个子市场进行合理评估，选择符合品牌定位的市场作为目标市场。评估市场时要确定市场的实际容量，结合子市场规模、内部结构、吸引力、自身资源等因素进行评估。通过评估，传媒机构就能发现几个值得进入的市场。另外，选择进入市场的方式，有集中进入式、专门进入式、无差异进入式、差异化进入式等。

第三，具体定位。针对目标市场的目标人群构建品牌形象、品牌个性、品牌诉求、媒体内容特性等传媒品牌内容，完成品牌的具体定位。

（二）成长阶段——建设强有力的传媒品牌

成长阶段指的是在品牌定位完成后，到品牌成熟之间的稳定发展时期，这一阶段内以加大受众群体覆盖率，充实内容，提高吸引力，以追求风格化为主要任务。这个时期，定位的坚守和深化非常重要。要采取一系列组合措施加深大众群体对传媒机构的认知，不断提升档次、品位、质量，争取更大市场。这些措施一般应包括以下方面。

1. 扩大覆盖面

在传媒品牌的建设时期，要加大投入，争取扩大媒体传播的覆盖面，让更多的人能够接触到媒体，并且能方便地接收到媒体传播的内容。

2. 导入 CIS 系统，建立品牌识别

CIS（Corporate Identity System），即企业识别系统，是能够体现某种具体的企业形象的一系列的图像、文字、符号等内容的集合，能够加强对企业的视觉识别效果。它能够帮助企业建立起有别于其他企业的独特形象，传达理想的企业形象到公众心中。一方面，可以通过工作规范、员工仪表规范、员工素质水平、岗位行为准则等建立媒介行为识别

系统；另一方面，可以从色彩、字体、图形、声音等媒介识别标志来建立媒介视听觉识别系统。比如浙江电视台的标志。

3. 注重内容，提升传媒品牌品质

传媒产业内容是核心，谁有高质量的内容，谁就能在媒体竞争中制胜。高质量的传播内容是传媒品牌塑造的基础。应做好传媒人力资本的开发，引进知名主持人、编辑等传媒人才，发挥他们在内容打造和聚集人气方面的优势。

4. 做好传媒品牌传播

通过创建风格独特、形式独特的视觉识别系统和听觉识别系统，在听众中树立自身整体形象。通过媒体广告置换和投放等形式，在电视、平面、路牌、车体等其他媒体上进行阶段性宣传，吸引听众对自身品牌的关注，将品牌定位概念及时准确地向听众传达。

5. 做好营销公关活动

根据自身的优势和听众市场的定位，组织品牌化、节目化、系列化、市场化、合作化的大型社会活动，强化对听众的吸引和影响，加大品牌的促销和推广，为广播传媒的品牌创建加油助力。要发挥自身媒体的优势，可以举办各种有利于社会的文体活动，加强与公众互动，扩大影响力，也能在无形中宣传自己。同时，也可以与一些社会公益组织、各种论坛等进行合作推广。

（三）维护阶段——保持品牌长期的生命力

1. 品牌老化和品牌危机

由于传媒机构品牌极大依赖受众忠诚度以及风险高的特征，对已成形的传媒品牌的维护就显得尤为重要。一方面，作为重要无形资产的传媒品牌本身得来不易，而随着时间的推移，市场也在发生着变化，会出现知名度、美誉度下降，受众流失、市场占有率降低等现象，这种现象称为品牌老化。另一方面，传媒品牌在一定程度上代表着公信力、影响

力，一旦出现了失误的报道或引起公众反感的内容，会出现品牌危机，好不容易建立起的传媒品牌会在顷刻间轻易地毁于一旦。品牌老化和品牌危机使得传媒品牌的维护格外重要。传媒品牌维护的重点是日常的传媒品牌管理，只有管理到位，才能使传媒品牌发挥出最大的价值，保持长期的生命力。

2. 保持品牌的生命活力

为了使品牌持续地发挥出价值，并且应对品牌老化和品牌危机，应当在品牌维护阶段，通过完善的品牌管理机制继续深挖品牌价值，将品牌作用最大化，同时做好危机防范应对工作。

在品牌维护期间，作为传媒机构，无论是否拥有专门的品牌管理部门，品牌管理要着力做好以下几个方面的工作。

（1）注重自有品牌资产的保护。对品牌的法律保护是传媒机构品牌维护的一个重要手段。一方面，应该对经典的栏目、频道等通过商标注册的方式进行保护。由于品牌商标遵循“注册在先”的原则，任何一个传媒机构都应该及时注册自己的商标，不能等到品牌建设完成后再去注册，否则会有被他人“抢注”的可能。传媒机构品牌不仅应该在国内及时注册，还应该在国外及时注册，早日做好应对国际市场竞争的准备。如美国《读者文摘》在我国注册之后，甘肃的《读者文摘》不得不改为《读者》。另一方面，对于针对品牌的侵权行为要加以追究。防止他人盗用自有品牌的名义进行其他的经营活动，损害自己的合法权益。

（2）不断提升内容品质。广播传媒属于内容产业，高品质是品牌塑造的基础，无论广播节目、主持人还是频道，要想实现品牌的高端崛起，必须根据市场行情和竞争对手的变化，适时对内容和形式进行阶段性调整和拓展，保持品牌的新鲜感、时尚感。同时还应当从不同角度，运用各种听众喜闻乐见的方式，不断增强品牌的公益性。公益行动最容易树立品牌的良好形象，获得良好的品牌美誉度。因为传媒机构的公益性活动最能吸引公众的注意和信赖，公益行动的受益者，还会成为品牌口碑的传播者，口口相传会为品牌插上有力的翅膀，在公众心中高高地飞翔。

（3）培养受众忠诚度。作为媒体来说，提升品质不仅在内容上突破，还可以通过发挥媒体传播的独特优势来实现。节目互动既是传媒独特的优势，也是传媒品牌培养受众忠诚度有效的手段。比如在广播中，听众可以在直播节目中打电话参与，表达观点、倾诉衷肠、回答问题，不仅可以拉近与听众的距离，而且能够荟萃社会公众意愿和智慧，弥补节目和主持人知识缺陷，丰富节目内容，体现出品牌内涵和高成长的潜力。通过互动特色吸引稳定的目标听众，也可以使广告商比较容易地找到他们希望影响的目标消费者，实现有效传播，最终实现媒企“双赢”。

（4）建立品牌维护机制。在传媒品牌的维护阶段，要在品牌定位的基础上，建立一套科学的品牌维护机制。一方面确保传媒机构品牌不偏离基本定位；另一方面确保传媒机构品牌的品质不下降，避免出现品牌老化的现象。海外的一些大传媒集团经常设有一个专门的机构来处理受众的批评、投诉，并通过受众调查、分析，采纳民众的建议和要求，与受众建立起良好的互动关系。在与受众的互动之中令媒体传播内容保持时效性和新颖性，从而持久地焕发出生命力。这些工作对于保证传媒机构品牌的品质，具有重要的作用。

（5）做好传媒品牌危机的应对。传媒品牌与受众接触频繁，容易产生影响，维护难度大，一旦出现报道失实等情况，就容易产生严重的品牌危机，长久以来苦心经营的媒体品牌形象可能瞬间崩塌。所以，必须在日常经营中时刻警惕品牌危机的出现，并建立即时有效的危机应对机制。

传媒品牌危机出现的原因有以下方面。

第一，新闻报道失实。例如北京电视台报道的2007年7月“纸箱馅包子”事件。

第二，违背新闻职业道德。比如在2008年5月19日的汶川大地震全国哀悼日，《旅游新报》的抗震特刊中，让女模特假扮灾民，借用道具等模拟受灾场面，引起一片哗然，收到了社会各界的强烈谴责。针对此事件，重庆新闻出版局做出停刊整顿处分，免去社长、总编辑和副总编，开除责任人。

应对传媒品牌危机，首先应该快速、即时地做出反应，一般不能超过24小时，传媒机构应该以主动、真诚、冷静的态度，遵循人道主义精神的原则进行处理。应对策略有以下几种。对受众：坦诚真实地告知受众；对当事人：对当事人要有负责任的态度，即时保证当事人的知情权，在调查过程中及时和当事人沟通，争取取得对方谅解，并作出应有的赔偿；对兄弟传媒机构：平等竞争，和谐发展；对政府：及时汇报，反思自己做得不对的地方，争取得到理解和监督。

四、传媒品牌的塑造策略

（一）创新成长策略

传媒品牌的同质化现象非常普遍，创新成长策略是打造独特传媒品牌的一条重要途径。一个媒体要想与其他同类型媒体区分开来，必须创新。传媒品牌的创新成长策略可以分为内容创新和经营管理机制创新。

1. 内容创新

一个商品的品牌建设必须从内部出发，如果与别的同类产品一样了，就失去了自己的“内核”。传媒行业同样如此。在“内容为王”的时代，谁能够以独特而优质的内容吸引受众，谁就能从相对同质化的内容中脱颖而出，在传媒经济中获得最大的竞争优势。打造独特的频道内容是塑造优秀传媒品牌的首选且必经之路。通过打造原创品牌凸显频道内容的独特性，形成具有吸引力、竞争性且不易被模仿的独特节目内容。在节目形式上不拘泥于传统，努力开发形式新颖的节目。传播内容应该做到与时俱进，从传媒品牌定位出发，结合时代特点、受众群和环境的变化及时做出内容的开发与改进。

传媒品牌的形象，或者说“调性”，是其吸引受众，并与其他传媒品牌区分开来的基础，一旦建立，不能轻易改变。但是，为了保持其长久的新鲜感和生命力，需要阶段性调整内容，适时改版。对于市场的变化和受众的需求应该时刻保持敏感，及时地发现有地区色彩，对象化，时尚的、有吸引力的要素，促使传媒品牌的自我更新与迭代。

在 2000 年以前，《北京晚报》是北京最受欢迎的都市类报纸之一，以其独特的新闻视角和贴近群众生活的报道为人们所喜爱。但是在 2000 年之后，同类型的报刊如雨后春笋般冒了出来，并且在内容、排版上都或多或少的和《北京晚报》有些类似。为了保证内容的独特性能够禁得住市场的挑战，《北京晚报》开始通过内容创新来加强整体品牌建设。例如，《北京晚报》派出了记者到第一线进行实地的专题报道，为了保证信息的畅通甚至花费了大量人力、财力装备了卫星电话，以至于引发了行业内外的广泛讨论。敢为行业之先，有意树立自己的品牌形象，是《北京晚报》的创新。随后，《北京晚报（周末版）》还花大力气采访巴黎、米兰时装周，深入汶川灾区等。经过一段时间的品牌建设，读者终于又看到了那个独特的《北京晚报》。

2. 经营管理机制创新

传媒机构的经营管理符合企业经营管理的规律，市场和自身条件的变化要求传媒机构不断创新原有的经营管理机制，提高经营管理效率。创新的经营管理机制为传媒机构运行体系提供了优质配套措施，并为导向准确、安全传播提供了最有效的保障。

经营管理机制创新的内容包括对内部的管理体系建设、企业文化建设、开发组织形式、制定规章制度和管理办法进行创新，学习完善符合时代发展的经营管理理念，在经营管理各方面不断地推陈出新。对于传媒机构来说，有以下内容：一是对组织架构和人员结构进行调整，使内容生产的各个环节更加高效；二是打造专业频道、栏目、专题报道的重大新闻网络，充分利用行政资源和社会资源的信息网络；三是为保证纵横贯通的新的节目体系能更加有效、安全地运行，配备专人作为全天节目的总统筹；四是建立受众反馈系统，为随时随地了解目标听众对节目的反应，及时跟进受众市场提供条件。

（二）全媒体整合营销策略

媒体的品牌建设和维护要有独到的公关方式，应该多开展有利于树立品牌形象的公关活动。还可以在传媒机构内成立活动部、品牌推广部等专门的营销部门。这类专门部门的作用有两个：一是多方位通过各类活动为受众群体提供互动参与的机会；二是通过实际活动进行市场的调查研究，把调查数据变成吸引目标人群的依据，通过品牌的营销对潜在的目标人群进行公关。

在具体开展营销活动时，应该实行全媒体整合营销策略，就是要基于各类媒体渠道进行深度整合，坚持“一切营销以效果说话”为传播原则，在多种媒介上同时开展营销活动，并且将线上线下相结合，由点到面深化品牌。全媒体效果营销整合了传统线下营销传播渠道（报纸、杂志、广播、电视、音像、电影、出版、车载、户外广告渠道等）、新媒体传播渠道（网站、网络视频、博客论坛、SNS 社区、IPTV 等新媒体渠道）、移动营销传播渠道（手机端、微信、微博等移动社会化媒体）。

（三）人力资本开发策略

在“内容为王”的环境下，好的内容固然重要，但是内容会被消费完，会消失，只有有能力提供高品质内容、创造出好的传媒产品的人才是最宝贵的价值创造源泉。人的作用在传媒产业中格外重要。传媒机构核心人才，特别是名记者、名编辑、名主持人、名评论员等的品牌价值体现在其名气有助于提升传媒机构社会影响力，其人格魅力是品牌人格力量的重要保证，其良好形象有助于提升媒体品牌公信力和美誉度，对扩大市场占有率有特殊贡献。媒体名人与媒体品台互相促进，共同发展。

传媒机构核心人才的培育开发，应该注意以下问题。

1. 不拘一格发现和引进人才

传媒机构核心人才的遴选，不应该被条条框框束缚住，而要以是否能够具有社会影响，提供优质的内容为基础，不拘一格选拔、使用人才。扩宽多种人才选拔的渠道，打通人才的上升空间。对于真正优秀的传媒核心人才，要加大投资引进力度。

2. 因材施教培育人才

传媒核心人才的魅力在于其个性，例如，在电视主持人中，有偶像型（如李咏、王小丫）、记者型（如水均益、敬一丹）。对于不同类型的主持人，素养和能力要求、培养方式都是不一样的。加之个体之间的差异，唯有因材施教，针对不同对象采取不同的培养策略，并度身制定具体的培养方案，才能保证核心人才脱颖而出。

3. 平台助力用好人才

在核心人才的使用方面，应该发挥媒体平台的优势，最大化地发挥核心人才的影响力。可以对名主持或名编辑等核心人才进行包装投资，建立工作室，开设专题栏目、冠名专栏等。凤凰卫视对于其重要的主持人有着成熟、完整的包装、宣传方式，比如会为主持人专门制作独特的宣传片，线下也会采取诸如画册等的周边开发、观众见面会等方式加强与观众的联系，甚至会与其他的媒体合作推广。当主持人的知名度越来越高，凤凰卫视会根据其个人特色为其量身定制栏目，使节目与主持人融为一体，使其品牌效应进一步扩大。

（四）品牌裂变扩张策略

品牌裂变扩张策略是在原有品牌的基础上，按照市场需求和自身优势，生发出新的品牌幼苗，加以培植，既能稳固原有受众市场，又吸引新的目标受众，在品牌的低成本扩张中实现跨越式发展。在一个母品牌的基础上，可以裂变出多个子品牌，能够既发挥母品牌的优势又能增加品牌资产。

品牌裂变之后要加强品牌的组合管理。传媒机构由于自身的特点，品牌构成元素多，相互之间互动关系复杂多变，母品牌和若干个子品牌共同构成一个层级结构分明的品牌系统。加强品牌的组合管理就是要建立一个品牌架构来组织协调和明晰品牌之间的关系，对品牌统一规划和管理，防止各自为战、盲目成长，从而造成内部的相互掣肘，资源浪费，甚至对母品牌系统造成不必要的破坏。目前，国内一家省级广播传媒一般都拥有 10 个左右的频道，每天有几十个自办节目，品牌的组合管理首先是对频道的规划，根据各频道的听众市场和目标听众确定各频道的定位。然后根据频道的定位，确定创办怎样的节目，什么样的节目是重点打造的品牌节目，什么样的节目应当占有怎样的比例，各节目之间建立和保持怎样的关系。有了明确的品牌架构和品牌关系谱，才能够促使频道与频道之间、节目与节目之间、主持人与主持人之间避免同质化，形成相互呼应、密切协同的关系，从而实现对目标听众市场的全覆盖。

（五）置换延伸策略

品牌的置换，就是将不同媒体的优质品牌加以置换，实现优势互补。当今社会，传统媒体正在面临着新媒体的挑战，依靠单一的媒体形式进行传播已经不能取得最好的传播效果，需要综合各种传播媒介的优势，通过融合扩大传播范围、提高传播效果。例如，将报刊品牌、电视品牌、网络品牌等置换为广播品牌，或者将广播品牌置换为报刊品牌、电视品牌、网络品牌等，把读者、观众激发出来的精神期待移入其他媒体形式，把受众激发出来的精神期待延伸到更加广阔的空间，以此培育、强化受众对媒体的情结，营造新的市场。品牌的跨媒体经营成了传媒品牌发展的趋势，单个媒介形式是有限的，跨媒介经营让媒体经营发展出更多的空间和可能性。

品牌的延伸，就是指传媒机构通过将品牌延伸至新产品，以缩短市场上消费者认同时间来巩固品牌的市场地位，是一种对品牌资产策略性使用的方式。通过品牌的延伸，媒体品牌可以出现在消费者生活中的方方面面，不仅仅是消费者使用媒体的时候才会被感知，而且能够大大加深消费者对品牌的认知和理解。在横向上，媒体可以利用内容制造方面的特色资源，组织专题论坛、演讲和大型评选活动，不仅能扩大品牌影响，同时也能借此创造新的品牌价值。

第四章　传媒产业无形资产的运营管理

第一节　传媒产业无形资产运营管理概述

一、传媒产业无形资产运营管理的相关概念

无形资产作为传媒机构经营性资产的重要组成部分，其运营情况的好坏，决定着传媒机构能否取得持续健康的发展。作为传媒机构资本运营的一种，无形资产运营可以促进传媒机构与金融市场的对接，帮助传媒机构扩大投融资渠道，使传媒机构获得足够的资金帮助其发展。为了更好地理解传媒机构无形资产运营管理的概念，以下将对资本运营、无形资产运营等相关概念进行说明。

（一）资本运营

资本运营，又称资本运作、资本经营。这一概念最早于 20 世纪 90 年代在我国出现，西方经济学中没有这一概念。资本运营通常是指企业以价值管理为特征，将自身拥有的一切存量资产，通过流动、裂变、组合、优化、配置等途径，最大限度地实现价值增值的经营方式。具体而言，资本运营就是企业通过投资、融资、兼并、重组、交易等手段，优化配置和有效使用企业资本，以最大化实现资本盈利的经营活动。资本运营以资本最大限度增值为目的，主要有资本扩张和资本收缩两种模式。资本运营有两层含义：从宏观上讲，在市场经济条件下，资本运营可以使资源通过资本层次上的流动来配置优化社会资源结构；从微观上讲，资本运营是微观经济主体依据市场法则，通过技巧性运作资本本身，以实现资本增值、效益增长的一种经营方式。

利用资本市场开展资本经营，企业可以有效地促进产品经营；可以

迅速地实现资本积累与集中，扩大企业的生产规模；可以有效地整合企业的内外部资源，提高企业经营效率，优化配置社会资源；可以改善企业的法人治理结构，优化企业决策机制、激励机制、约束机制等。

（二）传媒资本与传媒机构资本运营

传媒资本通常是指传媒机构的经营性资产，主要包括实物资本、价值形态资本、人力资本和无形资本。实物资本，是指以物质形式存在并严格保留在传媒机构的内在生产过程中，例如传媒机构的办公大楼，节目制作设备及传输设备、信号播出设备、接收设备等。价值形态资本主要包括两类：货币资本和金融资本。其中，货币资本是指以货币形式存在的资金，主要包括国家的财政拨款、固定资产的折旧费用、经营收入中的现金部分等。金融资本主要包括传媒机构拥有的各种债券和股票，其他经济体给传媒机构的投资，以及能供传媒机构利用的社会闲散资金等。人力资本是一种非物质资本，是指依附于人身上的、并能为人带来永久收入的能力，在一定时间内主要表现为劳动者所拥有的知识、智慧、才能、技能和健康状况等。无形资本是指具有资本特性的无形资产，包括商标权、特许经营权、著作权、企业经营机制、管理能力、关系渠道、营销网络、频道资源、频率资源、栏目品牌、节目形式和内容、播出时间等。

传媒机构资本运营，就是传媒机构以价值最大化为目标，将其所拥有的可经营性资产，通过流动、裂变、组合、优化等途径进行运作，配置媒介资源，扩张媒介资本规模，进行有效经营的一种经营管理方式。

（三）传媒机构的无形资产运营

传媒机构的无形资产运营，是指传媒机构将自身拥有的各类无形资产，通过兼并、重组、参股、控股、交易、转让等活动使其合理流动，以实现价值最大化的经营管理活动。无形资产运营是传媒机构资本运营的重要组成部分，科学有效的无形资本运营，可以充分发挥无形资产的经济杠杆作用，帮助传媒机构最大化实现无形资产保值和增值。

传媒机构运营的最初阶段是产品运营，实施质量管理和低成本战略；其次是资本市场的运营，不断调整资本结构和优化资产配置，提高传媒机构的价值；再次是行业标准的运营，制定和出售行业标准获得利润；最后是无形资产的运营，不断实现由虚转实，“无”中生有。在传媒机构整个的经营活动中，无形资产的地位十分重要：一方面，传媒无形资产可以直接产生经济收入；另一方面，传媒无形资产成为传媒机构进行规模扩张的重要手段之一。当前，世界范围内兼并、重组浪潮风起云涌，无形资本运营也正在成为传媒机构实施全球化战略的重要手段之一。

（四）传媒机构无形资产运营的特点

传媒机构无形资产运营的实质是求利性。传媒机构无形资产资本化运营是一种商业性交易活动，目的是追求价值增值的最大化，以提高资金利润率。无形资产运营的求利性促使传媒机构资金“滚雪球”式地不断扩大。

传媒机构无形资产运营不只是简单的一次性商品买卖行为，而且是一个整体性的运筹与谋划、控制与管理交易过程，包括整个交易过程的构思、创意、设计与控制，如选择交易对象，进行交易洽谈，确定交易价格，敲定交易方式等。其中包含一系列复杂的经济行为与心理博弈。

传媒机构无形资产运营更多的是与有形资产相分离而进行的。在一般情况下，企业的无形资产运营既可以与有形资产相结合，也可以与有形资产相分离，但通常是与有形资产结合在一起，如企业产权的整体交易活动。可是在传媒机构中，无形资产运营通常与有形资产相分离而单独进行，如以特许经营权、著作权、商标权等对外投资，利用商誉进行融资等。

二、传媒产业无形资产运营的方式

当把传媒产业无形资产作为一种经营性资产时，其对外经营的方式主要有三种：投资式无形资产运营、融资式无形资产运营和交易式无形资产运营。

投资式无形资产运营是指传媒机构为了在未来一段时间内获得资金增值，将其拥有的著作权、商标权、广告时段、销售渠道等无形资产投放于其他企业，以参与企业的利润分配的经营活动。无形资产对外投资方式有很多，既可以组建新企业，也可以并购多个现有企业，实施资产重组。并购与重组往往能以较小的投资比例获得很大的权益比例。这使得传媒机构在有效降低投资风险的同时，进一步扩大了无形资产的影响力。比如，1999 年，我国香港政府和华特迪士尼公司共同投资建设了香港迪士尼乐园（Hong Kong Disneyland），按照有关协议，香港政府投资约为 224.5 亿港元，负责开拓土地，兴建地铁、运输网等设施，最终注册资本为 32.5 亿港元，控股 57%；迪士尼公司注资 24.5 亿港元及其品牌资产入股，却占 43%的股份。

融资式无形资产运营是指传媒机构通过运用商誉、商标权、特许经营权、著作权等筹措资金的过程。融资式无形资产运营根据无形资产在融资中发挥的作用可以分为：信用型融资、惠利型融资和引资型融资。我国《担保法》规定，商标专用权、专利权、著作权等无形资产可以进行质押贷款。1997 年，“东洋之花”以商标权为抵押，获得了 600 万元的高额贷款，帮助其进行扩大市场份额，在疲软的化妆品市场夺得发展先机。

交易式无形资产运营，是指传媒机构将自身拥有的无形资产的所有权或使用权有偿转让给他人。无形资产交易，可以分为无形资产所有权交易和无形资产使用权交易。前者是指无形资产所有权的转让，即转让后原无形资产所有者不再拥有所有权，如将自己开发的节目、影视作品的著作权永久性卖出；后者是指无形资产使用权的转让，如只要其他企业愿意支付使用费，就可以获得该传媒机构广播节目或影视作品在一定时期内的使用权，但该传媒机构仍然拥有该项无形资产的所有权。

三、传媒产业无形资产运营管理的重要性

（一）无形资产运营是传媒机构资本运营的重要内容

知识经济的快速发展、国内文化体制的深入改革，以及经济全球化竞争的日益加剧，使得传媒机构面临严峻的市场竞争环境，所以高效的资本运营对提升传媒机构的竞争力起着至关重要的作用。作为资源配置的高级形式，资本运营能够吸附各种资源，从而发挥不同资源的优势。所以当传媒机构发展到一定阶段时，资本运营必然成为解决人力、技术、信息以及物质资源供需矛盾的主要手段。事实上，传媒机构的资本存量对其发展前景起着决定性作用，而传媒机构资本的获得与配置却又离不开资本的运营。

长期以来，我国的传媒业主要由政府主导运营，尤其是电视、广播、报刊等媒体长期由国家财政拨款来维持运转，传媒机构没有形成自己的经营机制，更谈不上资本运作。在加入世界贸易组织（WTO）后，我国许多省、市的传媒机构纷纷进行资产重组，成立了相应的传媒集团，有些传媒机构还剥离出优良资产，进行上市重组，全面进行市场化运作。在这种态势下，我国传媒业开始转制改制，众多的传媒机构从事业型管理转制为企业化管理，并开始引入资本市场运作的许多机制和做法。编营分离之后，传媒机构的特许经营权、商标权、著作权、网络资源、广告发行等都可以按照现代企业制度的要求合法、合理地公开进行，传媒集团可以正大光明地从资本市场上获取充分的发展动力。

我国传媒业发展扩张的一个资源“瓶颈”就是资本。从一方面来

看，我国传媒业拥有世界最大的传媒发展能力和可能，但资本的匮乏使得这一可能性难以实现；从另一方面看，这也表明我国的传媒业与国外发达的传媒业还存在着巨大的差距。而无形资产运营作为资本运营的高级阶段，它能够帮助传媒机构有效地减少有形资本的投入，降低传媒机构的资本成本，也就是说，传媒机构以无形资产输出为手段，可以在更大的空间和范围内完成控股和参股，实现少投资甚至不投资也能投资入股企业、兼并收购企业或者形成战略联盟。因此，无形资产运营成为传媒机构资本运营的重要内容。

如今，随着市场经济的日臻成熟，传媒机构也面临着进入资产重组、兼并、改制的运作过程。如果传媒机构只是对设备、厂房等有限的有形资产进行运作，而不好好经营无形资产，那么国家多年来对传媒机构投入的人力资源、营销网络以及由于政策特许积累的品牌等无形资产将会大量流失或废置。

（二）无形资产运营是传媒机构发展和扩张的助推器

相比有形资产的扩张，传媒机构无形资产的升值具有更快的速度和更大的空间。尤其是对于我国这样一个发展中国家来说，资金短缺是制约传媒产业发展的长期障碍，从而也使得有形资产的扩张受到了许多制约。无形资产运营能够有效节约的交易成本，给传媒机构带来低成本扩张效应，实现规模经济。传媒机构凭借自身培育来积累品牌和媒体影响力，可以及时快速地获得受众支持，获得社会各界的认同，或者在利用其商标权、特许经营权等无形资产进行参股、兼并、收购等活动中得到优惠，最终使得传媒机构实现自身规模的低成本扩张。这样，以有限的资金，巧做无形资本经营，是传媒业快速成长的重要途径。

在国外，一部电影、一档节目乃至一个动画小角色火了，就可以带动一系列产品。无形资产的这种“协同作用”贯穿了一系列的传媒产品和市场。比如我们所熟知的美国迪士尼公司，在放映《米老鼠》动画片的同时，还推出了各种图书和音像制品，并将可爱的“米老鼠”卡通形象（IP）一路延伸到主题乐园、服装、玩具、日用品等领域，这种无形资产的深度开发和运营为迪士尼公司带来了丰厚的收益。在互联网和移动互联网高速发展的今天，跨领域和跨平台的“粉丝经济”更促进了文化传媒行业对 IP 的挖掘与开发，高人气的动漫、影视作品、综艺节目、游戏等优质 IP，使得电影、电视、图书、游戏等文化传媒行业不再孤立发展。

（三）无形资产运营能充分挖掘无形资产“交易元”的效用

按照国际惯例和我国的会计准则，传媒机构的无形资产必须通过市场有效的交易作为入账依据，而不能通过简单的评估直接形成自己的财务报表中的资产总量，所以我们必须寻找传媒机构中那些便于交易的资产元素。

企业资产的“交易元”是指企业资源中最活跃、最容易量化、最具市场价值、最易于交换的成分。对于传媒机构来说，无形资产只有经过有效的经营，才能保值增值，才能扩张，才能合理、合法地进入传媒机构的资产结构，才有可能有形化、货币化。而无形资产无疑是传媒机构中较活跃和具有价值的“交易元”。挖掘无形资产的“交易元”效用，可以促进传媒机构最大限度地利用无形资产，帮助传媒机构迅速扩大资产规模。

北京电视艺术中心于 2011 年出品的《甄嬛传》是一部非常有影响的电视剧。这部电视剧本身不能自然形成无形资产，但它是企业市场运作的一个交易元，对它进行项目包装、评估后，进入传媒市场，通过与多家电视媒体和网络媒体的交易运作，这部电视剧就直接转换成了有形货币，据估计《甄嬛传》电视台加上网络版权销售价格接近 400 万元每集。某省级电视台，广告时段不饱（这个广告资源就形成了多个交易元），而某家中型企业设备和技术先进，产品质量好，但因为没钱打广告，使得其产品不能迅速占领市场。电视台将这些广告时段进行包装、评估后，以无形资产形式对该企业参股，而该企业利用这些广告资源大力促销，卖出产品并占领了市场。电视台则在获得了企业的优质股权同时，又取得了间接的投资收益，丰富了广告时段，稳定了客户，并且能利用股权影响和促使该企业增加广告投放量。传媒机构可以利用自身丰富的交易元，在积极的市场运作中，使资产的收益最大化。

（四）无形资产运营可以推动传媒机构重视技术和产品开发

传媒产业作为知识密集型产业，其核心竞争力是传媒机构自身拥有的无形资产。重视无形资产运营有利于提高传媒机构集约化经营水平，有利于激活、重组大量有形资源使之发挥正常作用。无形资产是知识生态生产力向现实生态生产力转化的催化剂。传媒无形资产付诸实际应用之前的作用只是潜在的、待实现的。强调、重视无形资产运营可以推动传媒机构重视内容生产和产品的开发，建立传媒机构特有和擅长的技术和内容，形成具有竞争力的信息产品系列，进而为传媒机构带来稳定的超额利润。同时，重视无形资产运营有利于督促传媒机构克服和纠正非正常短期行为，重视长期规划，注重传媒机构整体素质的提升，使传媒机构的发展具有强大的后劲，最终具有不断增长的活力。

（五）无形资产运营可以提高传媒机构的国际化竞争力

传媒机构属于资金密集型产业，而同时投资的风险也相对较大，许多传媒产品的生产需要投入大量的资金，而投资的回报却因为受众消费行为的难以预测而无法准确预知和估测。以好莱坞的电影制作工业为例，投入巨资拍摄的电影，最后因为不合观众口味遭遇“票房滑铁卢”的例子屡见不鲜，《终极奇兵》《星级冒险王》《阿拉莫之战》等大制作影片，都汇集了名导演、名编剧、名演员等诸多著名电影工作者，曾经在企划和制作之初被期望可以为电影公司带来丰厚的收益和回报，但影片发行之后，它们为公司带来的都是 1 亿美元以上的净亏损（三部影片的票房亏损数额分别达到了 1.37 亿美元、1.45 亿美元和 1.46 亿美元），更值得一提的是，若不是有一部分海外发行收入的抵充，它们原本的亏损数额还将比现有数字更大，可以称得上是输得彻彻底底。

今天，由于传媒产品的日益丰富，新媒体形式不断涌现，单一市场内的受众对传媒产品的消费有了更多的选择，导致单一市场内传媒产品之间的竞争日趋呈现白热化状态。在这样的背景之下，任何传媒机构想在其所处的单一市场内轻易开拓市场都成为非常困难的事。努力开展国际化经营战略，将经营行为扩展至更为广阔的国际市场，可以说是传媒机构应对当前传媒行业激烈竞争的手段之一。许多美国大型传媒企业也正是看到了这一点，才开始大胆施行国际化经营战略，利用无形资产运营，借由母公司所拥有的资金、内容制作、管理等方面的优势，在其他国家的传媒市场内寻求发展和突破。

另外，在传媒机构中，多数传媒机构的产品具有很显著的规模报酬递增特点，换句话说，传媒产品具备普遍初始成本很高，但边际成本相对较低的特点。举例来说，一部电影的制作费用之中，第一份拷贝的制作费用往往非常之高，因为其中包含了许多创造性的工作，需要动用大量的人员、物资来投入生产创造新的内容。但当第一份拷贝制作完成之后，以后每一份拷贝的边际成本将迅速下降至只是进行复制和发行的成本，而该成本是要远远低于之前为了创造第一份拷贝所付出的成本的。所以，传媒机构进行市场规模扩张时，哪怕需要对传媒产品进行本土化改动，相对于新市场中的竞争对手来说，还是享有极大的同类产品的成本优势，因为产品的大多数内容已经不需要再次进行重新制作。这一现象广泛存在于各类媒介产品之中，包括电影、电视、音乐、游戏、书籍、报纸等。因此，无论是从扩大利润的角度还是从降低风险的角度来说，扩大受众市场都是传媒机构所极力追求的，也是传媒机构进行国际化战略的主要原因之一。

传媒机构无形资产的良好运作可以提升中国传媒机构的国际化竞争力。一方面，通过无形资产运营，整合国内传媒机构的优势资源，可以培育和发展本土大型的、具有国际竞争力的传媒集团，然后利用自身传媒产品和服务的技术含量、质量、信誉、品牌等，提高在国际市场上的知名度和形象，这样才能使国内机构在国际市场上大显身手。另一方面，也可以利用无形资产与国际上的运营，通过无形资产入股、兼并等方式，聚集国际传媒的优势，整合优质资源，形成战略联盟，扩展资源和业务，更快更稳地进入国际市场进行跨国经营，这对于提高中国传媒集团的国际竞争力具有重要战略意义。

第二节　传媒产业无形资产投资

一、传媒产业无形资产投资内涵

随着世界多极化和经济全球化的迅猛发展，国内传媒的数量、种类和规模呈现出快速增长的势头，人们对传媒的依赖性逐渐增强。从形式上看，传媒只是整个社会政治、经济和文化生态中的一部分，但在信息社会中，由于人们对信息的需求，使得信息的加工处理和传递过程更加专业化，传媒在社会网络中的中心地位得到确立。在传媒产业高速发展的背后，中国传媒产品消费潜在的庞大市场为媒体的发展提供了广阔的前景。中国传媒产业作为朝阳产业，还拥有其他行业并不多见的优势——那就是新的增长点不断涌现。无形资产应该成为传媒机构重要的投资方式之一。

传媒无形资产投资，是指传媒机构为了在未来一段时间内获得资金增值，将其拥有的著作权、商标权、广告时段、销售渠道等无形资产作价后投放于其他企业，以参与企业的利润分配经济活动。进行无形资产对外投资，既可以组建新企业，也可以在现有多个企业的基础上进行购并，实施资产重组。传媒机构利用无形资产进行对外投资时主要有以下几个特点。

第一，利用无形资产增资是完全合法的行为，而且新公司法已经取消了非货币资产的出资比例，在注册资本中的比重可以占到百分之百。利用无形资产进行对外投资既没有垫资的风险，又没有融资利息的成本。

第二，利用无形资产进行对外投资可以减轻传媒机构货币资金压力。新《公司法》规定“股东可以用货币出资，也可以用实物、知识产权、土地使用权等可以用货币估价并可以依法转让的非货币财产作价出资；但是，法律、行政法规规定不得作为出资的财产除外”。利用无形资产进行投资活动，可以有效缓解传媒机构货币资金不足的压力。当传媒机构想要新办企业而资金不足时，可以将无形资产作为部分注册资金进行注册。当传媒机构投资的企业要求增资扩股，而传媒机构却缺乏资金时，传媒机构也可以将无形资产作价投资入股来解决这个问题，降低股东一次性筹集大额货币资金的压力，并且操作灵活，成本低廉。

第三，利用无形资产进行对外投资可以降低传媒机构成本。按照有关税法规定，如果企业按占股比例参与投资方的利润分配，共同承担风险，则不缴纳营业税，同时在投资过程中，当无形资产的公允价值低于其账面价值部分可视为转让损失，可在所得税前扣除。这在一定程度上帮助了传媒机构节约了部分投资成本。

第四，利用无形资产进行对外投资可以将传媒机构拥有的无形资产有形化，以货币价值的形式展示出来，并增资到投资企业的注册资本金中，既可以增强客户对传媒机构的直观印象，又可以提升投资企业的形象和实力，以及企业的竞争力和市场对其的信任度。

二、传媒产业无形资产投资的类型

（一）参股

传媒机构可以利用自己拥有的无形资产入股其他公司，以持有该公司一定数量的股权。以无形资产参股的方式进行跨地域的发展，将传媒机构的无形资产与地方传媒的优秀人才、频道资源等相结合，能够在降低合作企业成本的同时，帮助传媒机构实现资产规模和经营规模的扩张。如 1999 年 6 月，湖南投资在北京注册了一家传播经营公司，向名牌时报社投资 1000 万元，获得该报独家发行和广告的经营权，双方合作期限为 15 年。2004 年 5 月，宁波日报报业集团与雅戈尔集团合作成立东南商报经营有限公司，注册资金 1 亿元，集团出资 5500 万元，其中 4000 万元为商报的无形资产，雅戈尔集团出资 4500 万元。宁波日报报业集团利用无形资产入股，达到了控股目的。

（二）资产重组

传媒机构利用自身的文化、品牌等优势进行资产重组、剥离和置换其他企业的有形资产，实现规模经营和对外扩张，使用无形资本盘活其他企业的有形资本，达到以小博大的效果。

（三）转移

传媒机构以无形资产的优势带动自身有形资产的发展，将“无形”资源变成“有形”的财富，从而提高传媒机构的价值，强化传媒机构的核心竞争力，加快传媒机构的发展。

三、传媒产业无形资产投资决策应考虑的因素

无形资产投资涉及的时间一般比较长，并且投资金额很大，所以其

考虑的因素基本上与固定资产投资决策的因素相同，主要有货币的时间价值、现金流量和投资的风险价值。

（一）货币的时间价值

货币的时间价值，也称为资金的时间价值，是指当前所持有的一定量的货币比未来获得的等量货币具有更高的价值。如果现在让渡使用货币的机会，就可以取得按让渡时间长短计算的报酬，该报酬就是货币的时间价值。

使用期限超过一年的无形资产，必须将其在不同时点上的现金净流量折合到相同时间点上才能累计折价。因此，可以用该项无形资产投资的资本成本作为折现率来折算，应用货币时间价值的概念和原理来计算。

（二）现金流量

所谓现金流量是指投资项目引起的企业现金支出和现金收入增加的数量。这里的“现金”，是指广义的现金，既包括各种货币资金，也包括投资项目需要的、企业投入的非货币资源的变现价值（或重置成本）。

现金流量包括现金流入量、现金流出量和现金净流量。现金流出量是指某投资方案引起的企业现金支出的增加额。取得某项无形资产有关的现金流出量通常包括：第一，开发、设计、研制或购置无形资产的全部支出；第二，追加成本（使用中进行改进、创新等投资）；第三，取得和使用无形资产过程中的有关法律费用；第四，其他有关的各项支出。

现金流入量是指某项无形资产投资方案引起的企业现金收入的增加额。取得某项无形资产有关的现金流入量包括：第一，取得和使用该项无形资产而增加的收入；第二，取得和使用该项无形资产而节约的成本；第三，无形资产转让所得；第四，使用无形资产过程中其他有关的收入。

现金净流量是指某项无形资产持续期间内，现金流入量与现金流出量的差额。当现金流入量大于现金流出量时，则净流量为正值；反之，净流量为负值。

（三）投资的风险价值

风险是指在一定条件下和一定时期内，发生某种损失的可能性。从财务评价的角度来说，主要指投资项目无法达到投资人预期报酬的可能性。传媒无形资产的不确定性决定了在其投资决策分析时必考虑风险因素。根据风险与报酬的基本关系，投资项目承担的风险越大，要求的报酬率也就越高。其基本公式如下：

期望投资报酬率=无风险报酬率+风险报酬率

风险报酬率=风险系数×风险程度

四、传媒产业无形资产的投资策略

（一）低成本扩张策略

传媒机构具有很强的地域性，传媒产品的跨地区经营和跨媒体经营经常受到很强的地域限制。但传媒的权威性和良好的社会声誉，在实际生活中形成了超经济的影响，这能帮助传媒机构吸引外来资本的投资与合作，也能使传媒机构找到好的投资项目和合作对象，利用自身的品牌、商标等低成本地快速获得消费者信任，实现低成本扩张。

《爸爸去哪儿》是湖南卫视从韩国 MBC 电视台引进的亲子户外真人秀节目。节目播出后，在社会上引起强烈的反响，拥有了庞大的受众市场份额。根据央视—福瑞全国网收视数据，《爸爸去哪儿》首播当天全国网收视率 1.1%，收视份额 7.67%，城市网收视率 1.46%，收视份额6.45%，名列同时段电视节目的前茅。随后，《爸爸去哪儿》从电视综艺延伸至电影，并在2014年大年初一公映。电影上映后，创造了9天票房破5亿元、12天票房破6亿元的票房纪录。与此类似的还有，电视综艺《奔跑吧兄弟》，仅仅以2000万元的制作费和6天的拍摄时长超低成本，2015年1月30日上映首日便获得6800万元票房，5天破2.5亿元的票房纪录。电视综艺前期积累的品牌影响力，很好地驱动了同名品牌的延伸和扩张。

（二）多渠道延伸策略

传媒机构还可以利用现有的品牌、商标等进行多渠道的延伸。比如利用品牌生产形成一个产品系列，不仅可以帮助新产品快速打入市场，降低新产品上市的风险，也可以扩大传媒机构的品牌影响，增加品牌价值。近年来，一些传媒集团利用无形资产成功实施了媒体延伸，发行渠道延伸和多种经营延伸。

在媒体延伸方面，南方日报报业集团取得的成果比较丰富。南方日报报业集团十分重视报纸品牌的培育，并以品牌报纸为龙头成立报系，现已形成“南方周末报系”“南方都市报报系”“21世纪报系”三大报系。报系成立以后，采取龙生龙、凤生凤的多品牌滚动发展模式，用优质品牌为龙头报系来孵化新的子报。如南方周末报系，利用《南方周末》品牌效应创办了名牌杂志《华夏人物周刊》；“21世纪报系”创办了《21世纪商业评论》。

在跨媒体延伸方面，上海文广传媒的《第一财经》跨媒体品牌延伸策略则比较成功。上海文广传媒集团在推出《第一财经》电视频道和广播频率的基础上，又与广州日报报业集团和北京青年报社联合推出《第一财经日报》，并与美国道琼斯集团联合推出“道琼斯第一财经中国600指数”和“道琼斯第一财经中国600行业领先指数”。在衍生产品领域，第一财经的产品线将涵盖财经指数、金融数据库、行业分析报告等财经资讯产品和论坛、榜单、培训、高尔夫等财经公关产品项目。

在多种经营延伸方面，湖南卫视在2006年建立起“快乐中国”品牌后，不仅在传媒行业内将“快乐”品牌进行了一系列的延伸和扩张，策划了很多精品的“快乐中国”栏目，如《快乐大本营》《天天向上》《爸爸去哪儿》《花儿与少年》等，以及组织了很多创意十足的“快乐中国活动”，如《超级女声》《快乐男声》《跨年演唱会》等，还将“快乐”品牌延伸至旅游业和房地产行业。隶属湖南卫视的湖南卫视旅行社有限公司，以“快乐旅游”为核心理念，意图打造国内最时尚、最前卫的体验旅游品牌。公司成立以来，除了推出传统的旅游产品以外，先后还推出了许多独特、新颖的创新产品：“快乐之旅——走进湖南卫视”，接待了全国成千上万的湖南卫视忠实“粉丝”；首推国内第一家让青少年感受吃苦的夏令营——“洞穴之光”励志营；发展周末都市休闲交友的“玫瑰有约浪漫时分”旅游活动等。而在湖南广电中心周围的世界之窗、海底世界、湖南国际影视会展中心以及周边一些房地产项目都有湖南卫视的积极参与。

第三节　传媒产业无形资产融资

一、传媒产业无形资产融资的内涵

目前，我国传媒产业市场化程度不断加深，整体上已经走上市场化发展道路。传媒产业是一个注重技术和装备的行业，在国家投入很少和自身经营有限的情况下，其发展面临的资金负担是相当严重的。同时，传媒产业正处于高速发展中阶段，传媒机构进行重新整合和不断扩张，是其生存的必由之路，而这都需要启动资金和后续资金的支持，所以传媒机构具有非常强烈的资金需求。而对广告收入的过度依赖，以及我国广告市场绝对增长量的有限性，使得传媒机构普遍地缺乏资金。因此，在传媒机构经营中，更需要发挥传媒无形资产运营所具备的优势。因为传媒机构的权威性和影响力，更容易在实际生活中形成超经济的影响。这能帮传媒机构较为容易地找到投资与合作伙伴，并比较容易找到投资项目与合作对象。

传媒无形资产融资是传媒机构根据自己未来发展需要，利用自身拥有的无形资产，如品牌、广告时段等，从一定渠道筹集资金的行为。利用无形资产进行融资，一方面，可以拓宽传媒机构的融资渠道，帮助传媒机构缓解资金压力，实现传媒机构整体优势；另一方面，也可以促进传媒机构经营管理思想和方法的发展，促进传媒机构管理机制改革。传媒产业是朝阳产业，具有良好的发展势头。相比国内一些业绩不佳、还贷能力差的国有大中型企业，传媒机构无疑是难得的金凤凰。传媒机构可以利用品牌、商标等，快速、低成本地获得投资者的信任。因此传媒的融资渠道是相对比较畅通的。

二、传媒产业无形资产融资的方式

根据融资过程中资金需求者与资金供给者是否有中介机构参与，可以将传媒企业无形资产融资划分为直接融资和间接融资。

（一）直接融资

直接融资，是指传媒机构直接从资金盈余单位通过签订协议或直接购买传媒机构发行的有价证券而获得资金的融资方式，该过程中没有金融中介机构的介入。直接融资具有直接性、分散性、自主性、信誉差异性大、部分不可逆性的特点。直接融资有利于传媒机构和资金供应方合理配置和有效使用资金，便于资金供应方监督传媒机构资金的使用情况；同时传媒机构不用向金融中介机构支付证券发行的费用，可以降低传媒机构资金筹措成本。但是当传媒机构需要长期的、数量很大的资金时，直接融资方式会受到诸多限制，同时资金供给方承担的风险比较大。

（二）间接融资

间接融资，与直接融资相反，指传媒机构通过金融中介机构间接获得资金的融通行为。间接融资具有间接性、限制性、相对集中性、信誉差异小、全部可逆性等特点。利用间接融资，传媒机构可以通过多样化的融资工具满足资金需求，融资安全性比较高。但传媒机构的筹资成本比直接融资的高。长期以来，来自商业银行的贷款是我国传媒机构进行间接融资最主要的途径之一，从理论上来说，国内金融资本授信传媒业是“双赢”的好事，双方都有内在驱动力。我国传媒业发展亟须资金扶持，而商业银行也要寻找新的投资领域以使其资金流动良性循环与结构优化。

三、传媒产业无形资产的融资和筹资策略

（一）上市融资

由于政策方面的原因，传媒业不能直接上市融资，但可以通过成立子公司，再由子公司上市的办法来融资。传媒机构上市融资主要有三种方式子公司直接上市、子公司控股上市公司、媒体与上市公司合作。

传媒机构可以将质量优良的无形资产剥离出来，整合注册成由传媒机构控股的、具有独立法人资格的股份制子公司，然后直接上市融资。从政府有关规定来看，成立独立子公司上市的程序是十分复杂的，需要完成股份制改造、上报审批、发行股票等一系列工作，且这个工作持续

周期比较长。传媒机构通过成立上市子公司虽然耗时费力，但相对而言投资少、风险小、融资量大，而且传媒机构可获得支配时间较长且规模较大的资金，尤其是资金的投资使用的方向是不受限制的。

传媒机构也可以利用子公司收购上市公司股票，并对上市公司进行控股和重组，以快速进入证券市场，获得稳定的融资渠道，这也是通常所说的“借壳上市”。“借壳上市”给未上市的媒体提供了一种上市捷径。传媒业通过“借壳”“买壳”拥有上市的公司有：博瑞传播、华闻公司、赛迪传媒、诚成文化等。

传媒机构还可以与上市公司合作，成立子公司或合作企业。这种方式可以帮助传媒机构获得上市公司的资金，并使合作的上市公司获得传媒机构的高额利润，达成“双赢”局面。比如，湖南电视台与湖南中意投资集团股份有限公司合作，创办了“湖南卫视财经节目中心”，并共同组建具有独立法人资格的有限责任公司。湖南电视台以其卫视频道时段广告资源用作投资，占51%股权；湖南中意投资以1500万元现金用作投资，占49%股权。

（二）银行信贷

银行信贷一直是传媒机构融资的主要渠道。银行信贷一般要求借款单位具有良好的业绩，而具有高品质无形资产的传媒机构，比如拥有知名度很高的制作团队，具有创意的作品、名导演、名主持、良好商誉等，可以顺利或优先拿到银行贷款，获得融资。同时，由于国家管控舆论的需要使得我国媒体比较特殊，相关政策使得海外金融资本不能直接涉足国内传媒业，受限比较多。相比之下，国内银行投资会有政策保护。利用银行信贷融资，可以确保媒体在宣传工作和相关经营管理活动上的独立性。目前，我国已有多家媒体获得了银行授信不同额度的资金，如海都传媒曾获得银行授信为6亿元，《哈尔滨日报》为5亿元，《贵阳日报》为3亿元等。

同时，传媒机构也可以利用无形资产向银行质押贷款。无形资产质押是指传媒机构将其可依法转让的商标权、土地使用权、专利权等无形资产移交给债权人，作为获得债权人资金的担保。在质押关系中，债务人或第三人为出质人，债权人为质权人。用以质押的无形资产为质押物。我国《担保法》规定，商标专用权、专利权、著作权等无形资产可以进行质押贷款。利用无形资产质押贷款，为传媒机构开辟了新的融资渠道，对于鼓励传媒机构进行内容开发与创新、实施品牌战略，以及促进社会金融流通、防范金融风险、优化资金资源的配置提供了新的思路。

此外，目前传媒行业也出现了一些新兴的银行信用融资方式，比如中国导演工作委员会与民生银行联合首创的“电视剧导演融资模式”。2009 年，中国民生银行与导演工作委员会达成协议，让张国立、李少红等国内 23 名优秀电视剧导演，每人有 500 万元的授信额度，以用于导演本人或其公司投资制作电视剧。“电视剧导演融资模式”是民生银行与导演工作委员会的长期合作战略，不仅探索创新银行新的贷款形式和监管方式，也开创了传媒产业无形资产融资的范式，为与电视剧产业的对接开辟了崭新的渠道，同时支持了文化产品创作的精品化发展模式，并能够使富有社会责任感的电视剧导演群主导电视剧主流文化的创作，使其成为电视剧创作市场的引领者，极大地促进了金融业与电视剧产业间战略合作、共同发展的良性循环。

第四节　传媒产业无形资产交易

一、传媒产业无形资产交易的内涵

在市场经济条件下，所有包含了人类劳动且具有使用价值的物品或资产，本身具有商品的基本特性，因此，可以在相应的市场上进行交换。换句话说，一切资产都具有可交易性。自然地，作为传媒机构资产重要组成部分的无形资产，也具有可交易性。与有形资产一样，交换是实现无形资产价值的必要手段和途径。传媒无形资产交易是指传媒机构有偿或有条件地转让或许可使用无形资产，以扩大规模。

一般而言，无形资产交易具有以下特点。

第一，无形资产交易可以两权分离。无形资产交易中的两权分离是指无形资产所有权和使用权的分离。通常，传媒无形资产的开发周期比较长，资金投入比较大，易被受众偏好所影响，开发风险比较大，但是传媒无形资产一旦开发成功，便可获得持续的高额收益。因而，购买无形资产的所有权需要支付的产权费相对比较贵。但是无形资产的特点之一便是其使用权可以实现多次转让，因而购买使用权则相对便宜。因此，在现实中，无形资产的交易大多是其使用权的交易。

第二，无形资产交易方式具有多样性。无形资产交易方式之所以多种多样，其原因主要有两个：一是无形资产交易中的所有权和使用权可以分离；二是无形资产的种类繁多。从无形资产交易的次数看，既可以实行一次转让，也可以实行多次转让；从无形资产交易的时间长短看，既可以是短期交易，也可以是长期交易；从无形资产交易的性质看，既可以是所有权或使用权的转让，也可以是部分使用权的转让；从市场使用的程度看，既可以是全部市场的许可使用，也可以是部分市场的许可使用。

第三，无形资产交易支付方式具有多样性。无形资产交易方式的多样性以及无形资产交易风险的不同，决定了无形资产交易支付方式的多样性。在现实交易中，无形资产交易支付方式通常包括以下几种：一次总额支付、总额分期支付、提成支付、一次入门费加提成的方式等。其中，加提成支付方式是指按照双方协议规定的提成比例，按提成交付无形资产使用费。一次入门费加提成的方式是指先由受让方支付给转让方一笔入门费，然后再按提成方式支付。

二、传媒产业无形资产交易的形式

传媒产业无形资产的交易形式多种多样，从不同角度有不同的分类方法。

（一）按无形资产交易的权益分类

按无形资产交易的权益分类，主要包括无形资产所有权交易和无形资产使用权交易。

1. 无形资产所有权交易

无形资产所有权交易，又称无形资产所有权转让。这种交易的特点是：转让后原无形资产所有者不再拥有所有权。

2. 无形资产使用权交易

无形资产使用权交易，又称无形资产对外许可使用。无形资产的使用权转让实际只是有偿许可使用，通过许可合同实现，在国际贸易中又称许可证贸易。这种交易的特点是许可使用后原无形资产所有者仍拥有所有权。许可证贸易一般具有以下五种形式：独占许可证、独家许可证、普通许可证、可分售许可证、交叉许可证。

（1）独占许可证，是指在一定区域内、一定时间内，传媒企业将某项无形资产的使用权授予给被许可人，允许其对该项无形资产拥有独占的使用权。无形资产所有人和第三方不可在该地区使用该项无形资产进行生产经营。

（2）独家许可证，也叫排他许可证，是指传媒机构授权被许可人在一定区域、一定时间内独家使用无形资产开展传媒产品生产经营，任何第三方不得使用该项无形资产，但传媒机构仍保留该项无形资产在该地区的使用权。

（3）普通许可证，也称一般许可证，是指被许可人可以在规定的区域、时间内使用无形资产，但传媒机构仍有在该地区内对该项无形资产的使用权，或再将该无形资产许可其他人使用。

（4）可分售许可证，又称转让许可证或从属许可证，是指被许可人在指定的地域、时间内有权在将无形资产许可他人使用。

（5）交叉许可证，是指双方以价值相当的无形资产互惠交换使用。

（二）按无形资产交易要素分类

按照无形资产交易要素分类，传媒产业无形资产交易可分为单独要素交易和多种要素交易。

1. 无形资产单一要素交易

无形资产单一要素交易，是指无形资产交易只涉及一项无形资产要素，如著作权交易、专利权交易、商标权交易等。

2. 无形资产多种要素交易

无形资产多种要素交易，是指无形资产交易涉及多项无形资产要素。一般地，交易形式有：专利权和商标权的联合交易、商标权和技术秘密的联合交易、商标权和著作权的联合交易等。

三、传媒产业无形资产交易应注意的事项

（一）商标权交易应该注意的事项

传媒机构注册获得商标权后，可以依法将商标权予以转让或许可他人使用。在转让或许可使用商标权过程中，应该注意以下几点。

第一，对受让人或被许可人进行资格审查。传媒机构在转让或许可他人使用商标权前，应该对受让人或被许可人进行资格审查，看其是否符合商标法及其实施细则规定的条件，尤其是被许可人的资格与注册商标申请人的资格要求是一样的。

第二，商标权转让要提出申请。传媒机构有权将自己的商标权转让出去，但这种转让不是自由的转让，而是依据商标法的规定转让。商标权的转让应该由传媒机构和受让人双方共同向商标局提出申请。经商标局同意后，商标转让有效。未向商标局申请的商标转让是无效的行为，而且该注册商标存在被撤销的可能。注册商标核准转让后，予以公告。另外，对于已经许可他人使用的商标，不得随意转让，必须事先向被许可人和受让人说明情况。

第三，商标权许可使用必须签订商标使用许可合同。我国《商标法》规定，商标注册人许可他人使用其注册商标必须签订商标使用许可合同。在合同中必须说明：双方单位的名称、地址；许可使用商标的名称、商标注册证号码；许可使用注册商标的期限；许可使用注册商标的地域范围；许可使用注册商标的商品范围和期限；许可人监督商品质量和被许可人对保证质量的措施；双方的权利和义务；许可使用注册商标的报酬数额和报酬支付形式；违约条款责任等。

（二）著作权交易应该注意的事项

著作权交易是指传媒机构以合同的方式转让或许可他人使用作品。

1. 著作权转让

著作权转让是传媒机构将著作权中的财产权的全部或一部分转让给他人。著作权全部转让是著作人将著作权的全部财产权转让他人，这种转让如果没有期限的限定，则是买断了著作权。

著作权转让需要签订著作权转让合同，合同应包括以下主要内容：作品的名称；转让的权利种类、地域范围；转让价款；交付转让价款的日期和方式；违约责任等。

2. 著作权许可使用

著作权的许可使用是著作权交易中最常见的形式。著作权的许可使用就是传媒机构以特定的方式允许他人使用作品，获得报酬。著作权的许可使用有专有许可使用和非专有许可使用。

著作权专有许可使用具有独占许可的性质，传媒机构授权他人在一定的期限和区域内以独占的方式使用作品。传媒机构在签发著作权专有许可证后，无权再向第三者签发相同的许可证，同时传媒机构本身在规定的期限内也不得在许可证规定的形式内使用作品。

著作权非专有许可具有一般许可的性质，传媒机构可以授权若干人在一定的期限和范围内使用作品，但要求被许可人之间不相互排斥。

著作权许可使用一般要签订许可使用合同，按照作品的使用方式可分为：出版合同、录音合同、广播合同、展览合同、摄制影视作品合同、改编合同等。但是无论是何种合同，必须包含以下主要内容：

第一，许可使用的权利种类；第二，许可使用的权利是专有使用权或者非专有使用权；第三，许可使用的地域范围、期限；第四，付酬标准和办法；第五，违约责任；第六，双方认为需要规定的其他内容。

第五章　传媒产业无形资产的评估管理

第一节　传媒产业无形资产评估概述

一、传媒产业无形资产评估的意义和原则

（一）传媒产业无形资产评估的意义

随着我国经济发展进入“新常态”，经济增速从高速增长转向中高速增长，经济发展方式也从规模速度型粗放增长转向质量效率型集约增长。伴随着“互联网+”和“一带一路”的热潮席卷而来，使得传媒产业与科技、金融等领域逐步进入融合发展，并成为主要经济的增长点和引领经济发展的重要引擎。在传媒产业中，无形资产的价值增长空间较大，是企业的核心资产和重要资源，对提升产业附加值具有较强作用，是企业保持生命力的强大引擎。随着无形资产在传媒产业中的分量的提升，对其价值的准确发掘变得越发重要，加强传媒产业无形资产的评估具有重要意义。一般而言，传媒无形资产评估具有如下几个方面的重要作用。

1. 完整体现传媒产业的资产状况

企业的经营业绩，一方面表现为企业的利润情况，另一方面表现为企业的资产状况。企业实现的利润很多，资产规模又很大，这样才是“大而强”。根据企业财务通则的规定，企业的资产主要分为流动资产、长期投资、固定资产、无形资产、递延资产。无形资产是传媒产业资产的一个重要组成部分，是传媒产业多年苦心经营的成果。然而，在传媒产业中，由于无形资产数量大、形式多样、价值波动大、确定难等特性，传媒产业无形资产评估面临类型复杂、辨识困难、评估难度大等问

题，使得传媒产业的无形资产经常存在不估或低估的现象，商誉、客户关系、销售渠道等无形资产在传媒产业的资产中没有得到完整、准确的反映，并在实际运营中忽视其存在。只有对无形资产进行准确评估，才能真正了解无形资产的价值，才能完整、准确地反映传媒产业的资产状况，防止无形资产流失。

2. 大力提升传媒产业的创新性

传媒产业与一般从事实业的产业最主要的区别在于，其发展离不开人的创新意识。这种创新意识不仅体现在传媒产业生产和销售网络建设上，还更多地体现在传媒机构的节目创意、品牌栏目、著作权等具有创新特点的无形资产上。2013 年，我国政府便对传媒产业提出转型升级的要求，其主要目的就是改善现实中传媒创意产品复制模仿、节目和产品等重复生产的现象。加强传媒产业无形资产评估，可以促使传媒机构充分认识到无形资产的价值所在，促进社会对创新活动的承认和尊重，补偿无形资产创造者的劳动，进而促进整个传媒行业的创新性发展。同时，加强传媒产业无形资产评估，还可以鼓励传媒机构注重开发和培育无形资产，注重积累无形资产，进而提升传媒机构的核心竞争力，积极促进传媒产业的转型升级。

3. 为传媒产业的经营管理提供决策支持

作为传媒产业资产的重要构成内容，无形资产的发展情况和对传媒机构价值影响的大小，也反映了整个传媒机构的发展状况和利润来源。在传媒机构发展进程中，传媒机构可以利用已有的著作权、商标权、商誉、专利技术等无形资产进行交易和投资等经营活动，从而迅速扩大本企业的规模，加大企业的影响力。而在这一过程中，无形资产评估起着至关重要的作用。对无形资产进行评估，可以准确地反映出传媒产业无形资产的发展成果，便于帮助传媒机构管理层对传媒产品的开发培育、销售网络和客户关系等的投资建设等做出科学决策，找准传媒机构经营管理的重点和方向。如果评估结果显示，无形资产对于传媒机构价值贡献作用明显，则加大这方面的投入；反之，传媒机构应该合理分配投资，加大有形资产的投入，以避免资源的浪费。

4. 是传媒产业进行资本运营的必要前提

无形资产是传媒产业进行资本运营的前提，也是无形资产交易、投资和融资的基础。《公司法》第 12 条规定："公司向其他有限责任公司、股份有限公司投资的，除国务院规定的投资公司和控股公司外，所累计投资额不得超过本公司净资产的百分之五十。"若不对无形资产评估的话，大多数传媒集团的总资产将会很少，那就意味着对外投资额累计额度将会很低。这样传媒产业控股子公司就不能获得跨越式发展所需的资金资源。无形资产评估入账后，传媒产业的净资产规模将大大增加，对外投资的额度可大幅提高，可以组建规模较大的控股子公司。《公司法》第 27 条规定："股东可以用货币进行出资，也可以用实物、工业产权、非专利技术或者土地使用权作价出资。对作为出资的实物、工业产权、非专利技术或者土地使用权，必须进行评估作价，核实财产，不得高估或者低估作价。"不经过评估，无形资产就不能量化，也不能作为出资入股或质押贷款，那无形资产就得不到价值体现。

（二）传媒无形资产评估的原则

无形资产评估原则是指在无形资产评估过程中的一些技术规范和业务准则，它们为评估人员在执业过程中的专业判断提供技术上的指导和保证。一般而言，传媒无形资产评估应该遵循工作原则和技术原则两个方面。

1. 评估的工作原则

（1）真实性原则。真实性原则要求评估工作要实事求是，不弄虚作假。一方面，资产评估机构在评估工作中，必须以实际资料为基础、以客观事实为依据得出评估结论；另一方面，评估人员及评估机构有权要求被评估单位提供真实资料，以保证评估工作始终在真实资料的基础上进行。

（2）公平性原则。公平性原则要求资产评估机构和评估人员坚持公平、公正的立场，以中立的第三方身份客观地评估，绝不与委托方共谋损害其他方利益的行为。

（3）科学性原则。科学性原则要求资产评估机构或评估人员必须遵循科学的评估程序，以制定科学的评估方案，并以科学的方法进行评估，以确保评估结论准确可靠。

（4）可行性原则。可行性原则要求评估机构或评估人员从实际出发，根据评估对象的特点和性质，以及当时所处环境和所具备的条件，制定切实可行的评估方案。即，在现实条件能够办得到的，在满足评估目的和评估精确度要求的前提下，尽量使评估工作简便易行，提高评估效率。

2. 经济原则

（1）预期收益原则。无形资产的价值在于它具有的潜在收益能力，无形资产价值的高低主要取决于它能为其所有者或控制者带来多少预期收益。因此，预期收益原则是评估人员判断传媒无形资产的最基本依据。

（2）供求原则。供求原则是指在资产评估过程中要充分考虑市场供求规律对资本价格的影响。供求关系对价格的影响机制在无形资产中同样适用，因而供求原则对无形资产评估具有重要作用，不容忽视。

（3）贡献原则。从某种程度上讲，贡献原则是预期收益原则的一种具体化原则，它也要求资产价值的高低取决于该资产的贡献大小，主要适用于评估构成一个整体的各要素资产的价值大小。在整体中的贡献越大的要素，其价值越大；反之亦然。

（4）估价日期原则。估价日期原则要求传媒无形资产评估必须有评估基准日。市场是变化的，传媒无形资产的价值会随着市场条件的变化而变化。为了实现传媒无形资产评估的可操作性，评估机构或评估人员对传媒以无形资产的评估应该基于某个时间点上进行评估。

二、传媒产业无形资产评估的内涵

我国《文化企业无形资产评估指导意见》中对文化企业无形资产评估进行了规定，即文化企业无形资产评估，是指资产评估师依据相关法律、法规和资产评估准则，对文化企业无形资产的价值进行分析、估算并发表专业意见的行为和过程。简单来说，传媒产业无形资产评估就是通过适当的资产评估方法，对无形资产在一定时间点上的价值进行量化的过程。

一般说来，无形资产评估包括评估主体、客体、原则、程序、目的以及评估方法五大要素。评估主体是具备专业资质评估机构。评估客体主要是指传媒产业的无形资产，通常包括商标权、著作权、特许经营、商誉、销售网络、客户关系、域名等。评估原则主要有工作原则和经济原则两个原则。评估目的是指评估无形资产的动机或无形资产即将发生的某项经济行为。评估方法包括重置成本法、收益现值法和市场法。

三、传媒产业无形资产评估的影响因素

（一）评估目的是影响评估无形资产价值的重要因素

传媒产业无形资产评估的目的主要有交易、担保融资、投资、企业产权变动和诉讼等。由于传媒产业的特殊性，资金不足成为制约其发展的一个“瓶颈”，建立健全无形资产评估体系后，企业就可以用无形资产去质押并取得资金；随着传媒产业的蓬勃发展，势必会产生与之相适应的产权交易市场，如果有完善的交易服务体系，创意者可以用创意产品的知识产权进行交易；无形资产评估可服务于企业的维权机制，侵权

现象的发生，严重损害了合法权利人的利益，干扰了社会正常的交易秩序，与此相适应的以诉讼赔偿为目的的评估业发展也成为必然趋势。

（二）无形资产的盈利能力和经济寿命会影响其评估价值

传媒产业无形资产的盈利能力是资产评估关注的重点，无形资产能否带来收益、能带来多大的收益应该成为无形资产评估主要关注的问题，对于不能带来收益的无形资产，是不能够进行评估的。传媒产业无形资产的收益是从对产品拥有的传播权、复制权中获得的。在对传媒产业无形资产进行评估时，传媒产品是否受到消费者的欢迎、是否有广阔的市场都会影响到其价值。

同时，大多数无形资产如著作权、专利权，都有一个使用期限。在进行无形资产的价值评估时，应该考虑两种期限：一是无形资产受法律保护的期限，二是无形资产实际获利的期限。因此，对传媒产业无形资产进行评估时，一定要关注它预计产生收益的年限。可带来收益的时间越长，其价值越大；反之，就越小。比如，对电视剧的播放权，有一次播放和多次播放之分，这两种方式带来的收益是不同的，其无形资产的价值也是不同的。

（三）市场因素对评估值的影响

传媒无形资产的市场因素主要取决于三个方面：一是传媒无形资产的供求状况；二是传媒无形资产的可替代性；三是传媒无形资产的适用范围情况。当市场需求大于供给时，传媒无形资产的转让或交易价格就会提高；相反，当市场供给大于需求时，传媒无形资产的转让或交易价格就会降低。

同时，传媒产业无形资产的载体即传媒产品，是一种以智力劳动和信息投入为主的产品，其投入成本比较小，因而受市场作用具有很强的替代关系，这可能导致一系列形式和内容相近或雷同的传媒产品的出版和发行，而且很难认定属于侵权行为。这种可替代性越强，其无形资产的价值也就越低。

（四）传媒产业价值实现途径对评估值的影响

传媒产业价值实现途径主要分为创意阶段、生产制造、营销推广、传播渠道和消费者。每一个阶段都会涉及不同的知识产权，且每一个阶段知识产权带来的预期收益也不同，因此，知识产权的评估值并不相同。以影视企业产品为例，在制作、发行和放映的不同阶段，不仅涉及著作权，而且还涉及销售网络、客户关系及衍生品价值等方面，其中著作权又可以分解为多种不同形式的单项财产权利，这些不同阶段不同形式的无形资产的评估值是各不相同的。

（五）传媒产业无形资产的形成中传媒因素对评估值的影响

传媒产业具有高附加值性，处于产业链中的高端位置，传媒因素的加入使产品更具特色，更具竞争力。中国元素已经成为世界创意产业关注的重点，比如中国演艺品牌《功夫传奇》于 2009 年赴英国伦敦西区一流剧院——伦敦大剧院连续演出 27 场，这是中国品牌演艺剧目首次以商演的形式进入西方高端演艺市场，并按国际惯例收取票房总收入 15%的剧目版权费，至少获得版权费 19 万美元。由此可见，越是有着深厚传媒底蕴的创意产品，其传播的价值越大，其无形资产的价值也就越大。

第二节　传媒产业无形资产评估方法

澳大利亚文化经济学家 Throsby 认为，经济价值是文化价值的外延，文化价值独立于经济价值而存在，价值应该从这两个维度去分析，这一主张得到了国际上众多学者的认同。传媒产业无形资产评估实际上就是一种价值评估，评估无形资产的即期和远期价值，这其中就包含了文化价值评估。常用的传媒无形资产评估方法主要有重置成本法、收益法和市场法。

一、成本法

（一）重置成本法原理

1. 重置成本法的内涵

资产评估的成本法又称为重置成本法，是资产评估的常用方法之一。重置成本法是在对传媒无形资产进行评估时，根据被评估无形资产当前所处的市场条件，利用重新开发培育的成本或购置一项全新无形资产的耗费，扣减其各项损耗后再确定被评估无形资产价值的方法。采用重置成本法评估传媒无形资产的基本公式为：

$$无形资产评估值=重置成本\times成新率$$

重置成本法是基于资产重置成本理论的评估方法，该方法是基于生产成本与价值之间的关系产生的。即假定存在一个潜在的购买者，重置某种资产与购买拟评估资产具有相同的效用，所以购买者所投入的成本应当与拟评估资产的价值相等。换句话说，重置成本法就是假定重新复制拟评估无形资产所需成本的确定。

2. 采用重置成本法的前提条件

传媒无形资产评估采用重置成本法，一般应符合以下条件。

第一，购买者不改变拟评估无形资产的原来用途。

第二，假设重置的全新资产，其功能效用必须与评估对象具有可比性。

第三，评估对象必须是可以再生和复制的。

第四，评估对象必须是随着时间的推移，具有陈旧贬值性的资产，否则就不能运用重置成本法进行评估。例如古董、文物等，虽然具有实体陈旧性和可复制性的特点，并且评估对象与复制品在实体特征、功能效用等方面具有可比性，但是随着时间的推移，其价值链上升。因此，不能应用重置成本法进行评估。

（二）无形资产的成本特点

1. 不完整性

在传媒产业的经营管理活动中，一般情况下的开发培育费用都是为传媒产业的经营管理活动服务，所以多数传媒机构往往把无形资产的开发培育费用直接计入当期经营费用中。这种办法通常基本符合事实，简单可行，也不会影响无形资产的再生产。但这种成本核算往往是不完整的，因为其不能反映出无法计入成本中的那部分费用，而这部分费用通常会通过其他方式来补偿。

2. 弱对应性

传媒无形资产开发过程中存在很多不确定性，它是一个不断摸索的过程，故很多无形资产的开发成果与开发的时间、成本没有明确的关系。如果开发培育过程中产生了一两项无形资产，那么开发费用分摊到这一两项无形资产中是比较容易的；但如果开发过程中产生了一系列的无形资产，将开发培育费用分摊到每一种无形资产上是一件十分困难的事。

3. 虚拟性

无形资产的非实物性决定了传媒无形资产成本的虚拟性，而且加上无形资产成本的不完整性和弱对应性，使得传媒无形资产成本是不确定的、是相对的。特别是有些传媒无形资产的内在含义已经远远超出了其外在形式的含义，这些无形资产的成本就只具有象征意义了。

（三）重置成本法的应用

1. 传媒无形资产重置成本的计算

传媒无形资产的重置成本，是指在现实条件下，重新开发或购置一项同样的全新无形资产所耗费的全部货币总额。按照来源渠道，传媒无形资产可以分为自创型无形资产和外购型无形资产。采用重置成本法对无形资产的价值进行估算时，这两类无形资产应该分开考虑，因其重置成本构成和估算方法是不同的。

（1）自创型无形资产，由于财务制度的制约，一般没有账面价值，只能通过估算。一般而言，估算传媒产业自创无形资产的成本法主要有两种：核算法和倍数系数法。

①核算法。采用核算法估算传媒产业自创无形资产的重置成本计算公式为：

$$重置成本=直接成本+间接成本+资金成本+合理利润$$

直接成本按传媒无形资产开发过程中实际发生的材料、工时消耗量，根据现行价格和费用计算标准就可以得到。

自创无形资产重置成本计算中一般要考虑合理利润。自创无形资产的直接成本、间接成本和资金成本之和与外购同样无形资产的平均市价的差额决定了其合理利润，故基于这个差额合理计算利润。

②倍数系数法。对于传媒产业自己开发的技术型无形资产，可以利用以下公式估算无形资产的重置成本。

$$无形资产重置成本=[(C+\beta_1 V)/(1-\beta_2)](1+L)$$

其中，C 为无形资产开发中的物化劳动消耗；V 为无形资产开发培育中的活劳动消耗；β_1 为开发设计人员创造出无形资产的劳动倍数系数；β_2 为开发传媒无形资产的平均风险系数；L 为无形资产的投资报酬率。

（2）外购无形资产的重置成本比较容易确定。因为外购传媒无形资产的重置成本通常包括购买价格和购置费用两个方面，而这两个费用在交易过程中都有原始记录。通常，对外购传媒无形资产价值进行估算的方法主要有两种：市场类比法和物价指数法。

①市场类比法。即通过在市场中寻找相似的参照物，并根据被评估资产的实际情况进行相应的调整来确定购买价格，而购置费用则可以通过资产标准和实际情况来确定。

②物价指数法。即以无形资产的账面历史成本数据为依据，用物价指数进行调整，在分析评估基准日与取得被评估资产时物价指数差异的基础上，对历史成本加以修正，从而确定重置成本。其计算公式为：

无形资产重置成本=无形资产账面成本×(评价时物价指数/购置时物价指数)

2. 传媒无形资产成新率估算

成新率反映了评估对象的现行价值与全新状态重置价值的比率。传媒无形资产评估的成新率一般采用专家鉴定法和剩余经济寿命预测法来计算。

(1) 专家鉴定法。专家鉴定法就是请传媒行业有关的专家对被评估无形资产的创新性、适用性进行判断，确定其成新率。这种方法比较适用于技术类无形资产。

(2) 剩余经济寿命预测法。剩余经济寿命预测法是基于评估人员对无形资产剩余经济寿命的预测，进而确定其成新率的方法，具体计算公式为：

成新率=剩余使用年限/（已使用年限+剩余使用年限）×100%

对无形资产剩余寿命的鉴定是对成新率估算的关键。传媒无形资产虽然没有实体性，但是具有很强的时效性。随着经济全球化的快速发展和人民物质生活水平的提高，消费者关于精神产品的选择越来越多，消费偏好也瞬息万变，加上互联网和各种高科技的发展，传媒产品更新迭代的速度在不断加快，这使得那些创新不足的传媒无形资产被更新淘汰的速度逐渐加快。随着时间的推移，有的无形资产剩余寿命也不断缩减，故其使用价值也在不断贬值。而已使用年限比较容易确定，但剩余使用年限却比较难估计，因此，应该由专业的资产评估人员，依据当前的社会经济环境、行业竞争状况、受众偏好等，从无形资产的特点出发，通过谨慎分析以确定剩余使用年限。

二、收益法

（一）收益现值法基本原理

收益法，又称收益现值法，是通过评估预测传媒无形资产在未来的预期收益，并采用适宜的折现率，将未来收益折现为评估基准日的现值，然后将未来各期收益现值累加之和作为被评估的传媒无形资产价值的一种评估方法。收益现值法估算无形资产价值的基础是无形资产的预期获利能力，预期收益越大，无形资产价值越高。运用收益现值法的基本条件是：评估对象的使用时间较长且具有连续性，能在未来相当长的期间内获得收益，未来收益可以预测并以货币来衡量。

收益现值法按照“将利求本”的思路来判断和估算传媒无形资产价值，是较为科学合理的评估方法之一，通常被资产业务当事各方所接受。该思路认为，任何一个理智投资者在购买某项传媒无形资产时，所愿意支付的货币总额不会高于该无形资产在未来能给其带来的回报。

确定预期收益是一个比较复杂的过程，需要收集大量信息，考虑多种因素，不仅要考虑预计能达到的最高水平，也要考虑可能达到的一般水平和最低水平。收益现值法的基本计算公式为：

$$V=\frac{R_1}{(1+i)}+\frac{R_2}{(1+i)}+\cdots+\frac{R_n}{(1+i)}=\sum_{t=1}^{n}R_t/(1+i)^t$$

其中，V 为被评估的传媒无形资产的价值；R_t 为传媒无形资产第 t 年的收益；t 为传媒无形资产预期获利期限；i 为折现率。

（二）收益现值法使用的前提条件

选择恰当的评估方法对提高无形资产评估价值的科学性和准确性具有重要意义。收益现值法是将被评估对象未来的周期性收益折现为现值的一种评估方法。在使用收益现值法的过程中，被评估的无形资产应该具备以下条件。

1. 具有独立计算预期收益的能力

采用收益现值法，一般要求被评估的无形资产应该具有独立创收能力，并且能够连续获得预期收益。有部分传媒无形资产虽然不能独立创收，但是可以通过一些方法计算出其对总收益的贡献，这部分传媒无形资产的价值也是可以采用收益现值法进行估算的。具体做法是先采用收益现值法测算出总资产的现值，然后根据该无形资产对总资产的贡献比率间接计算出其价值。

2. 未来收益能够以货币计算

传媒产业的无形资产所能带来的未来收益，必须是能够以货币来计量的。譬如，在传媒产业中，某项无形资产能够带来巨大的社会效益，但这种收益很难用货币计量，一般不建议采用收益现值法对其进行评估。

3. 未来收益应考虑风险收益

一般而言，投资者在投资过程中首先考虑的是投资风险。传媒无形资产的未来收益中所包含的风险收益是可以计算的，对于风险偏好者来说，风险收益越大，对投资者的吸引力越大；反之，风险收益越小，对投资者的吸引力越小。计算风险收益对于收益现值法来说是非常重要的工作，因其对传媒无形资产的评估价值有很大影响。

（三）决定收益现值法的基本因素

在利用收益现值法对传媒无形资产的评估过程中，预期收益、贴现率和剩余经济寿命等基本参数决定了无形资产的价值。

1. 剩余经济寿命

剩余经济寿命是指评估对象从评估之日起到丧失获利能力时的时间长度。强调经济寿命是因为任何具有创收能力的资产在使用或运营过程中均需要进行维护、更新等。对于使用商标、版权、专有技术、土地使用权等无形资产以获得预期收益时，不仅需要向出售方或转让使用权方支付费用，而且还需要支付相关有形资产方面的耗费，为此需要不断投入资金。一项无形资产的经济寿命与企业的内部经营计划、外部环境、社会经济发展趋势息息相关。当过高估计剩余经济寿命时，会高估该项无形资产的价值；反之，当过低估计剩余经济寿命时，则会低估该项无形资产的价值。对于传媒产业来说，在评估无形资产时应该考虑该无形资产有效期的长短以及为使用该项无形资产所需支付的相关费用，与其获得的收益相抵后是否有盈余。

2. 预期收益

无形资产在剩余经济寿命之内所能获得的预期收益，需要通过预测和分析无形资产使用过程中的盈利能力才能获得。运用收益现值法来评估无形资产的价值时，预期收益越高，其价值越高，反之，则价值越低。

3. 折现率

折现率是在货币时间价值理论基础上，按照复利计息法原理，把未来时间内一定量的货币折合到现时价值的一种折算比率。折现率是收益现值法的重要参数，其取值应该参考市场的利息率及相关因素。折现率通常以年计算，因为预期收益多数以一年为一个计算周期。

采用收益现值法，折现率是影响评估对象价值的重要因素之一，采用的折现率越大，被评估出的无形资产价值越低；反之，则被评估的无形资产价值越高。

（四）确定基本要素的方法

1．预期收益的确定

利用收益现值法评估传媒无形资产的关键就是确定预期收益额，这将直接影响到无形资产价值的评估效果。正如前面所说，无形资产的收益额主要包含两部分：一是无形资产本身可以带来的超额收益；二是无形资产附着在有形资产上而带来的共同收益，如蕴含在传媒产品中的商誉、品牌、商誉秘密等本身可能无法直接带来货币收益，其价值表现必须依附于有形资产。所以，将无形资产的收益额从所有的收益中分离出来是确定无形资产预期收益的关键。

首先，预测估算传媒产业无形资产的预期收益时，要关注传媒产品和服务的类型、对无形资产收益的影响。传媒产业主要进行内容创作与传播，内容是传媒产品的核心。不同类型的传媒产品和服务由于自身特点，在创作目的、内容载体、创作人员、创作成本、创作流程、传播方式、传播成本、传播范围等方面都可能存在差异，进而影响收益范围和收益水平。例如，预测电影作品著作权收益，除考虑宏观经济环境、产业政策等因素外，还需要考虑该电影作品类型、制片人、导演、演员、剧本以及制作人员对电影作品的影响，同时考虑发行方、院线、放映场次和档期等因素。电影作品制作投资高并不必然产生高的票房收入。对于已经播映过的电影作品，需要关注信息网络传播渠道可能产生的收益，形成衍生产品的可能性及其收益。

其次，还应当考虑传媒产品和服务的价格、公众的收入水平、文化素质、闲暇时间等因素对产品和服务市场需求的影响，合理确定文化产品和服务的收入；同时，应该考虑传媒产品和服务具有高固定成本和传播边际成本递减等特点，合理确定传媒产品和服务的成本。

最后，预测传媒产业无形资产未来收益，应当考虑无形资产在不同阶段的获利能力差异。例如，著作权的盈利能力通常在产出初期高于后期衍生权益阶段，后期衍生著作权收益中可能包括前期原创著作权应分享的收益。

常用的无形资产收益额估算方法如下：

（1）直接估算法。直接估算法主要是通过对比分析无形资产使用前后的收益情况，以确定无形资产能够带来的收益额。

从无形资产为特定主体带来的经济利益上看，可以将无形资产划分为收入增长型无形资产和费用节约型无形资产。收入增长型无形资产是指在使用无形资产如品牌、商誉等过程中，能够大幅提高企业利润。费用节约型无形资产是指在使用无形资产如专有技术、商业秘密等的过程中，能够使企业的成本和费用大大降低，从而获得超额收益。实际上，无形资产使用后的超额收益是收入变动和成本变动共同作用的结果。评估人员应该根据实际情况，加以综合考虑和测算，最终科学地计算出无形资产的超额收益。

（2）差额法。差额法主要估算的是无形资产的超额收益，即将无形资产在传媒机构经济活动中的综合收益与行业平均收益水平进行对比分析，进而对该无形资产的获利能力进行准确估算。运用差额法计算无形资产的超额收益的基本步骤如下：

第一，收集与使用无形资产的产品生产经营活动有关的财务资料和数据，分析盈利能力，得到经营利润和销售利润等基本数据。

第二，统计和计算上述生产经营活动中的资金占有情况。

第三，收集行业平均资金利润等指标。

第四，计算无形资产部分带来的超额收益，具体公式为：

无形资产带来的超额收益＝经营利润－资产总额×行业平均资金利润率

或者

无形资产带来的超额收益＝销售收入×销售利润率－销售收入×每元销售收入平均占用资金×行业平均资金利润率

值得注意的是，采用差额法计算出来的超额收益通常是很多种无形资产共同作用的结果，所以还需要从中分离出每种不同无形资产的超额收益。

（3）分成率法。目前，国际和国内技术交易中最常采用的方法是分成率法，即无形资产收益通过分成率来获得。即：

无形资产带来的超额收益=销售收入×销售收入分成率

或者

无形资产带来的超额收益=销售利润×销售利润分成率

确定分成率是采用分成率法测算无形资产超额收益过程中的重点和难点。一般，无形资产的分成率是用一定的销售收入分成率代替。

（4）要素贡献法。要素贡献法是指将无形资产作为传媒机构生产经营要素的一种，并确定该要素在生产经营活动中所占的比例，进而根据总体利润估算出无形资产所带来的收益。对于那些无法确定其超额收益的无形资产通常采用该种方法。

2. 折现率的确定

折现率是将无形资产未来有限期所带来的预期超额收益换算成现值的比率。从本质上讲，折现率是一种期望投资报酬率或者说对风险的补偿率，是投资者在投资风险一定的情况下，对投资该项无形资产所期望的回报率。确定折现率是运用收益现值法进行无形资产评估的重要前提之一，因为它直接影响着无形资产价值的高低。而折现率的高低又取决于无形资产投资的风险和社会正常的投资收益率。

首先，在估算传媒产业无形资产的折现率时，应当考虑文化消费的不确定性所产生的市场风险。在快速变动的社会中，消费者对文化产品和服务价值的认知随时可能会改变，文化政策的调整也可能使文化产生较大变动，大部分文化产品和服务具有很强的时效性，其生命周期往往比较短，重复利用的价值较低，加上大量的克隆复制品和替代品的竞争，可能产生技术风险。

其次，应当关注国家或者地区有关法律规范以及文化产品在内容审查、传播限制等方面可能产生的法律风险，关注产品复制难易程度、传播成本、法律保护力度、法定赔偿等因素，综合考虑侵权风险，关注不同区域、民族、性别、年龄、收入的人群间文化的差异所产生的风险。

最后，还应当关注传媒产品和服务在生产和传播过程中，所面临的盈利模式不清晰、生产资源保障性不高或者管理效率低下等因素所造成的经营风险，以及传媒产品和服务在开发和传播过程中面临的资金匮乏或者高杠杆所形成的财务风险，还有国家或者地区有关法律规范以及文化产品在内容审查、传播限制等方面可能产生的法律风险。

3. 无形资产剩余经济寿命的确定

大多数无形资产具有极强的时效性，法律上称其为保护期限。每个国家对知识产权的保护期限不尽相同，所以在确定某项无形资产的剩余经济寿命时，要考虑各国知识产权保护的情况。

我国对著作版权的保护期为作者的终生加去世后 50 年；发明专利是 20 年；实用型新型专利和外观设计专利权为 10 年；商标保护期为 10 年，期限届满时可以申请续展，每次可以续展 10 年，续展次数不限。

土地使用权期限，则应该考虑出让合同或协议书中交易双方约定的期限。对于无法律保护期限规定的专有技术、商业秘密等无形资产的所有权出售或使用权转让，亦应根据交易合同或协议书中双方约定的期限加以确定。

此外，确定无形资产的剩余经济寿命期限，除了上述两种期限外，更重要的是，还需要考虑该项无形资产确实能够为所有者或使用者带来的预期收益的期限。法律上对无形资产虽有确切的保护期限，有时交易双方也会明确约定使用期限，但是社会环境、宏观经济政策、产业政策、法律保护状况、市场竞争状况、经营条件、生产能力、文化差异、产品（作品）类型等各项因素对无形资产效能发挥的制约，会造成该项无形资产经济寿命的缩短。这些是确定无形资产剩余经济寿命应该着重考虑的重要方面。

大部分传媒产品和服务具有生命周期短、重复利用价值低的特征。如果对应的无形资产不能用于开发其他新产品和服务，则无形资产的经济寿命期限不会超过该文化产品和服务的经济寿命期限。资产评估师应当分析无形资产权利人在维持和创造无形资产方面所具有的资金、技术、固定资产、人力资源和外部环境等条件，以确定各类无形资产的持续收益时间。

在无形资产评估实践中，可以根据以下方法，预计和确定无形资产的有效期限。

第一，当法律中规定了无形资产的有效期限与企业合同或申请书中规定的收益年限不一致时，通常选择期限较短的那个。

第二，当无形资产不存在法定有效期限时，则把企业合同或申请书中规定的年限作为无形资产的有效期限。

第三，当以上两种情况都不存在时，即法律或企业都没有进行相关规定时，将预计收益期限作为无形资产的有效期限。可以采用统计分析或与同类资产比较得到预期收益期限。

三、市场法

市场法，又称市场比较法，是指将被评估对象与市场上相似无形资产的近期交易的差异进行比较，对参照资产的交易价格进行修正，得出评估资产价值的方法。市场法在运用时必须满足两个条件：一是被评估对象要存在一个交易活跃的资产市场；二是在资产交易市场上易于收集到评估参照物和评估对象的可比指标与参数。由于市场法运用存在前述两个前提条件，所以在进行评估前应当先选取具有合理比较基础的相似无形资产，一方面对相似无形资产交易的市场数据进行横向对比，另一方面还要对被评估无形资产以往的交易数据进行纵向对比，同时保证收集到的可比交易实例的价格信息应相关、合理、可靠和有效，最后对被评估无形资产与参照物的差异进行合理的修正。

市场法的基本公式如下：

无形资产评估价值=市场参照物成交价格×（1±调整系数）

或者

无形资产评估价值=市场参照物成交价格±差异调整额

需要注意的是，目前我国无形资产交易市场还不够完善和成熟，收集无形资产的可比交易实例比有形资产难度大；同时无形资产的不确定性，使其在调整与参照物的差异时难度比较大。所以利用市场法评估无形资产的价值时，必须克服以上两方面的困难。

第三节　传媒无形资产评估程序

传媒无形资产评估程序是评估传媒无形资产的具体操作过程。一般情况下，传媒无形资产评估程序包括：明确评估目的→明确评估范围→鉴定无形资产→制定评估方案→收集评估资料→调查分析和计算估价→撰写评估报告书。

一、明确评估目的

评估目的是一项评估行为实行的最直接动机，是整个评估程序开展的有效约束。评估人员需要根据传媒无形资产的评估目的来选择相应的评估类型和方法。根据我国《文化企业无形资产评估指导意见》中的规定，资产评估师执行文化企业无形资产评估业务，应当结合经济行为类型，明确评估目的。传媒产业无形资产评估业务，分为单项资产评估业务中的无形资产评估和企业价值评估业务中的无形资产评估。单项资产评估业务中的无形资产评估所涉及的经济行为主要包括质押、出资、转让、许可使用、财务报告、涉税和诉讼等。企业价值评估业务中的无形资产评估所涉及的经济行为主要包括改制、并购重组和清算等。

二、鉴定无形资产

无形资产是传媒产业的核心资源，但很多无形资产并未在传媒产业的财务报表中显示，主要原因在于评估传媒无形资产的价值具有一定难度。因此，对无形资产进行评估时，评估人员首先应该对无形资产进行鉴定，这是对传媒无形资产进行评估的前提条件和基础工作，会直接影响到评估价值的科学性。对传媒无形资产的鉴定，可以解决以下四个问题。

（一）确定传媒无形资产的存在

鉴定无形资产是为了验证无形资产来源是否合法，产权是否明确，经济行为是否合法和有效。鉴定工作可从以下几个方面展开。

首先，核实无形资产的内容、法律文书（如专利证书）、国家相关规定、专业人员评价情况，确保无形资产的合法性、真实性和可靠性。

其次，确定传媒无形资产的归属归委托方所有，认真考虑被评估无形资产的存在条件和要求，仔细甄别剽窃、仿造的无形资产侵权现象，同时考察无形资产是否符合国家法律法规的相关规定。

最后，确保经济行为的有效性。经济行为的有效性主要是指交易行为符合法律的规定，以及交易双方签订的合同具有法律效应。

（二）鉴别传媒无形资产的内容

鉴别传媒无形资产的内容主要是确定传媒无形资产的种类、具体名称和存在形式等。对于由若干项无形资产构成的无形资产应该加以分离，避免重复评估或遗漏评估。

（三）确定传媒无形资产的有效期限

同有形资产一样，无形资产也有一个使用期限，这个期限通常由相关法律规定。超过法定保护期限的无形资产，会丧失其在交换中的经济价值，也就失去了评估的意义。同时，有效期限对传媒无形资产评估具有很大影响，在其他因素不变的情况下，无形资产的有效期限越长，其评估价值可能越高。

三、收集评估资料

收集评估资料是传媒无形资产评估的重要环节，因为其资料的全面性和真实性直接影响着评估结果的正确性。一般，评估资料主要有三个来源：一是直接从委托方、产权持有者等相关当事方获取；二是从市场渠道获取；三是从政府部门和各类专业机构获取。

我国《无形资产评估准则》第 12 条对无形资产评估中的信息收集做了相关规定。注册资产评估师执行无形资产评估业务，一般应当关注以下事项：

（1）有关无形资产权利的法律文件或其他证明资料；

（2）无形资产的性质、目前和历史状况；

（3）无形资产的剩余经济寿命和法定寿命；

（4）无形资产的使用范围和获利能力；

（5）无形资产以往的评估及交易情况；

（6）无形资产转让的可行性；

（7）类似的无形资产的市场价格信息；

（8）卖方承诺的保证、赔偿及其他附加条件；

（9）可能影响无形资产价值的宏观经济前景；

（10）可能影响无形资产价值的行业状况及前景；

（11）可能影响无形资产价值的企业状况及前景；

（12）对不可比信息的调整；

（13）其他相关信息。

四、选择评估方法

不同类型的传媒无形资产，具有不同的特点，选择不同的评估方法，所得出的评估结果也会存在很大的差异。因而，在对传媒无形资产进行评估时，应该根据传媒无形资产的具体类型和特点、评估目的、市场环境等具体情况，选择相应的评估方法，这样才能使评估结果更加准确和有效。

五、撰写评估报告书

传媒无形资产评估报告书是受托的评估机构或评估人员在完成评估工作后向委托方和其他相关方提供的报告书，是对传媒无形资产评估过程的总结，评估报告要简洁、明确，避免误导。传媒无形资产评估报告应该符合《资产评估准则——无形资产》的要求，明确申明相关注意事项和准确陈述传媒无形资产评估项目的相关内容。

（一）传媒无形资产评估报告中应该申明的内容

我国财政部颁布的《资产评估准则——无形资产》规定，注册资产评估师应该在评估报告中申明以下内容：

（1）评估报告陈述的事项是真实和准确的；

（2）对评估所依据的信息来源进行了验证，并确信其是可靠和适当的；

（3）评估报告的分析和结论是在恪守独立、客观和公正原则基础上形成的，仅在假设和限定条件下成立；

（4）与被评估无形资产及有关当事人没有任何利害关系；

（5）利用了专家的工作，并对专家工作的结果负责（如果没有利用专家工作，则不用声明）；

（6）评估报告只能用于载明的评估目的，因使用不当造成的后果与签字注册资产评估师及其所在评估机构无关。

（二）传媒无形资产评估中应该明确说明的内容

（1）我国财政部颁布的《资产评估准则——无形资产》规定，注册资产评估师应当在评估报告中明确说明有关评估项目的下列内容：

①无形资产的性质；

②评估目的；

③评估基准日；

④评估范围；

⑤重要的前提、假设、限定条件及其对评估价值的影响；

⑥评估报告日期。

（2）我国财政部颁布的《资产评估准则——无形资产》规定，注册资产评估师应当在评估报告中明确说明有关无形资产的下列内容：

①无形资产的权属；

②使用的信息来源；

③宏观经济和行业的前景；

④无形资产的历史状况；

⑤无形资产的竞争状况；

⑥无形资产的前景；

⑦无形资产以往的交易情况。

（3）我国财政部颁布的《资产评估准则——无形资产》规定，注册资产评估师应当在评估报告中明确说明有关评估方法的下列内容：

①使用的评估方法及其理由；

②评估方法中的运算和逻辑推理方式；

③折现率等重要参数的来源；

④各种价值结论调整为最终评估价值的逻辑推理方式。

第六章　传媒产业无形资产的保护管理

第一节　传媒产业无形资产保护管理概述

一、传媒产业无形资产保护的内容与分类

（一）无形资产保护的概念

无形资产的保护是指传媒机构针对无形资产的开发、形成、使用和对外投资等各个不同阶段的活动特点，所作出的防止其无谓流失、损失和浪费的计划与对策。无形资产保护战略所涉及的问题范围极其广泛，主要有：确定实施无形资产保护的基本对象，确定实施保护的基本目标，研究无形资产保护的现状，汲取国外发达国家实施无形资产保护的先进经验，保证保护实施所采用的方式方法的合理性，制定实施保护的步骤等。

（二）无形资产保护的基本目标

无形资产保护的基本目标就是通过采取各种无形资产保护战略，促使传媒产业重视对无形资产的开发、利用、转让和管理进行全方位保护。通过产、学、研相结合的方式来推进无形资产保护技术和方法的理论研究，在具体的保护实践中要运用一切必要的技术手段和工具，使无形资产的保护既能结合理论基础，又能与实际运行的环境和条件相结合，以保护传媒产业无形资产所有者的所有权和使用权不被侵害，减少因保护不力带来的传媒产业无形资产流失及其对产业发展所带来的不利影响。

（三）无形资产保护战略的基本分类

1. 按照无形资产保护战略的实施方式分类

按照无形资产保护战略的实施方式分类，可以分为：无形资产的法律保护战略、无形资产的政策保护战略、无形资产的行政保护战略和无形资产的制度保护战略。

（1）无形资产的法律保护战略。无形资产的法律保护战略是指以法律为准绳，通过运用立法、司法、执法、守法等法律路径来保障传媒产业无形资产在一定时期内不受侵害和流失，并可以为持有者带来经济利益的行为和策略。从法律体系和法律流程方面来看，无形资产的法律保护途径包括有关法律的草拟、制定、颁布、推行、实施、修改和完善等不同的环节。它具有以下特征：①区域性，即在不同的地区，相关法律有其特定的适用范围。②时间性，即当某项新法律替代旧法律时，旧法律不再具有法律效力。③对象性，某些无形资产只适用于特定的法律。譬如《中华人民共和国专利法》只适用于保护专利这一范畴。④规范性，即法律条文应简单、明确规定相关的行为标准以及违反这一行为标准所应受到的惩罚及其方式和力度。⑤强制性，即全体公民都必须遵守国家立法机关制定的法律，否则国家就要用司法、执法等强制手段来保护法律的具体执行。⑥平等性，即法律条款对全体公民具有同样的法律约束力，任何人都不具有优先权和特许权。⑦稳定性，即已经颁布实施的法律具有较长时间的法律效力，只有出现诸多触及法律基本原则的案件或法律条款已经不适应当前的政治、经济环境时才会修改或取消相关法律。

对于违反无形资产法律保护有关条款的单位和个人，应当依法追究其民事责任和刑事责任，对侵害他人无形资产的单位和个人，司法机关不仅会勒令其归还无形资产使用权，还可以要求其赔偿侵害无形资产所获得的收益。法律是意识形态的象征，只有法律保护战略落到实处，才能稳固无形资产保护的底线，让非法侵占他人无形资产的单位和个人不再有非分之想，让无形资产所有者快速树立保护无形资产的意识。

（2）无形资产的政策保护战略。无形资产的政策保护战略是指各级政府管理部门通过颁布有关指示、条例和规定，切实保护企业的无形资产所有权和使用权的行为与策略。譬如，为了保证商标权的管理和保护能够落到实处，继《中华人民共和国商标法》颁布后，国家工商行政管理局、对外经济贸易部、商业部和国家经委等部门又先后发布了《关于申请商标注册要求优先权的规定》《商标印刷管理暂行办法》《出口商品商标管理暂行办法》和《商标核转工作若干规定》等有关规定，它补充了《商标法》在具体执行中的行为准则和行为规范，较之也具有更高的灵活性。又如，为了规范企业在对外经济技术合作过程中的出口行为，加强对民族无形资产的保护，在《中华人民共和国技术合同法》的基础之上，国家科委和国家保密局又发布了《国家秘密技术出口审查暂行规定》。

政策保护同样具有强制性，虽然由政府管理部门所颁发的无形资产保护政策的约束力没有国家立法机关制定的法律的约束力强，但在贯彻执行上依然具有一定的强制性，有关单位和个人必须遵照政策所规定的行为准则，只是违反政策规定的单位和个人会受到政府的行政处罚，但国家强制机关不会敦促其强制执行。

（3）无形资产的行政保护战略。无形资产的行政保护战略是指各级行政组织通过运用行政手段保护企业无形资产的所有权和使用权不受侵害、流失，以及其所带来的经济利益的行为与策略。行政保护主要是通过制定严格的行政程序，由行政管理人员按照程序进行监督和管理，防止相关单位和个人侵害其他企业无形资产的所有权和使用权，并在出现违规行为时对相关单位和个人严格执行合理的行政处罚。譬如，国家工商行政管理总局商标局通过实施各种商标注册登记的行政程序，可以在一定程度上防止仿制、模仿、占用他人商标的行为发生。

行政保护具有以下特点。①权威性。由于行政管理部门代表国家的意志和利益，因而要求被管理者绝对服从。一般情况下，权威性的高低与行政级别的高低成正比，即行政级别越高其行政保护的权威性越高，被管理者服从的程度就越大。②强制性。由于行政保护战略是建立在隶属关系和行政权力基础之上的，因而其要求人们在思想、行动和价值观上服从统一的行政保护意志。③垂直性。即行政保护的相关规定、条款、执行手段通常是通过行政机构所发布的命令、指令、规定和计划等形式直线下达给企事业单位和个人。此外，国家行政管理部门具有为保护企业无形资产而提供服务的义务，无形资产行政保护的有关条款规定，对于违反有关无形资产法律的国家机关、企事业单位和个人，要依法追究其行政责任，必要时由所在单位或上级主管机关给予行政处分。

（4）无形资产的制度保护战略。无形资产的制度保护战略是指企业通过制定规章制度、操作规程等方式保护自己对无形资产的所有权和使用权及其带来的经济利益的行为和策略。因此，只能依靠严格的企业规章制度和保密协议来对其加以保护。对于技术秘密和经营秘密，制度保护的范围包括技术配方的保密制度、技术人员的流动制度和营销网络名单的内部控制制度等。

制度保护具有以下特点：①非法定性，即制度保护不具有法律保护的同等效力。②内部性，即制度的约束范围主要局限于企业内部的部门和个人。③弱控制性，即一旦发生违反制度规定的行为，不能对违规者追究规定之外的法律责任，更不可能追究相关的刑事责任。如掌握大量客户资源的销售人员因与企业主管发生矛盾而“跳槽”到另一企业供职时，企业的已有制度将对其失去控制力，其所掌握的客户资源也将面临流失的风险。这就要求在编写制度规定时确定详细、严格的违约责任机制，为将来可能发生的违约行为未雨绸缪。

（5）无形资产的舆论保护战略。无形资产的舆论保护战略是指通过各种宣传方式，运用多种媒体，广泛宣传企业所拥有的无形资产，特别是企业的商标和品牌，以在广大的消费者心中形成清晰的商标意识和观念，使消费者自觉抵制假冒伪劣商品。另外，通过舆论媒体公开曝光侵权单位和个人的行为，也可以达到保护企业无形资产、维护企业自身经济利益的目的。

舆论保护具有以下特点：①维护的局限性，即通过舆论途径保护的无形资产，其内容和范围要受到一定的限制，要求严格保密的无形资产无法通过舆论途径进行保护；②责任的连带性，即在讲究诚信做人和实名举报的文化环境下，运用舆论途径保护无形资产时必须提供确凿的侵权证据，陈述客观清楚的侵权事实，否则就会受到对方的严厉指控和反击，也会遭到公众的质疑和反对，这对企业的商誉和品牌也会产生一定的影响。

（6）无形资产的经济保护战略。无形资产的经济保护战略是指国家有关行政管理部门或企业自身通过运用经济手段保护企业无形资产的所有权和使用权的行为与策略。当企业的无形资产受到侵犯时，采用一定的方式和手段对侵权单位和个人进行经济上的索赔，譬如，企业的某一名牌商标被另一企业假冒，企业的某一畅销产品被另一企业仿造等，被侵权企业向国家工商行政管理局申诉，经核准确实存在侵权行为，就可以对上述侵权企业实施经济处罚。被侵权的企业也可以通过直接谈判或法律途径向对方索取经济赔偿。

经济保护具有以下特点。①利益性。即这种保护方式可以给无形资产的所有者和侵权者带来一种逆向的经济收益。对于所有者来说，它可以从其所拥有的无形资产被侵占中得到一定的经济补偿，对于侵权者来说，必须为其侵权行为付出一定的代价。②直接性。即采取这种保护方式可以对企业的最终经济效益产生直接的影响。③灵活性。即在实施经济保护的过程中，经济索赔的数额可以根据其无形资产所受侵犯的程度而相应决定。在现实生活中，因为侵权企业和个人更能有效利用无形资产，无形资产所有者无法真实判定侵权方从中获取的收益，因而往往损失的无形资产所产生的收益要高于索取的经济赔偿，侵权行为也就层出不穷。

2. 按照对无形资产发生保护作用的范围分类

按照对无形资产发生保护作用的范围可以分为：全球无形资产保护战略、区域无形资产保护战略、国家无形资产保护战略、地区无形资产保护战略、行业无形资产保护战略、企业无形资产保护战略、项目无形资产保护战略。

（1）全球无形资产保护战略。全球无形资产保护战略是指面向世界各国的无形资产保护行为与策略。其内容包括：①单一无形资产保护战略，如创建国际驰名商标的战略；②区域经济体无形资产保护战略，如面向欧洲经济共同体或北美自由贸易区的无形资产保护战略；③国家无形资产保护战略，如面向美国、英国、德国、法国、日本等国的无形资产保护战略等。我国在推行全球无形资产保护战略时，应当把立足点放在保护我国的民族工业少受冲击，保护民族的无形资产不致流失国外之上。因此，随着我国改革开放经济建设总方针的贯彻执行和对外经济交往的逐步扩大，我国政府、传媒人士应当认真地研究国际上涉及知识产权等无形资产保护的各种公约，与此同时也应当去粗取精、去伪存真，对国内进行大力宣传和介绍，积极创造条件，争取早日成为有关缔结国的成员。在国际讲坛上，政府和传媒人士应勇于表明我国政府的观点和立场，在有关条款的制定上要发挥影响力，积极参与有关协约国组织的活动，并在自觉遵守章程的同时，享受与我国国际地位相称的权利并履行对应的义务。

（2）区域无形资产保护战略。区域无形资产保护战略是指在一定的地理区域范围内，通过发起和缔约有关条约的方式保护无形资产不受侵蚀的行为与策略，它属于全球无形资产保护战略的一个重要组成部分。从国际范围来看，国与国之间、洲际之间具有某种共同性经济联系，这类国家、洲际之间可以用缔结协议的方式促进各方的经济贸易增长并全方位保护其无形资产。如南亚地区、亚太地区、欧洲经济共同体、经济与合作发展组织的成员国、加勒比海的沿岸国家等。从国内范围来看，这一战略可以是在某一经济区内，为了加速不同地区经济的增长与互补，形成多种共同认可的协议，以此来约束协约各方的经济行为，加强对各方的无形资产保护。如环渤海经济区、沿海经济省份、长江经济带、珠江三角洲、东北三省等有关单位和部门。

（3）国家无形资产保护战略。国家无形资产保护战略是指由国家有关部门所制定的面向全国的无形资产进行保护的行为和策略。它不仅包括面向全国各地区（省、自治区、直辖市等）的无形资产保护，譬如，面向华北地区、西北地区、东北地区、华东地区、中南地区和西南地区的无形资产保护战略，也包括面向国民经济各部门、各行业的无形资产保护战略，譬如，面向工业部门、农业部门、交通运输部门和贸易部门的无形资产保护战略等。在实施国家无形资产保护战略的过程中，凡是涉及无形资产管理和保护的职能部门，都应当切实履行保护行业和企业无形资产的基本职责，加强法制建设，加强人才队伍的建设，注意吸收国外无形资产保护的先进经验，并制定出适合我国国情的无形资产保护战略。

（4）地区无形资产保护战略。地区无形资产保护战略是指在一定的行政区划范围内所制定的适用于本地区的无形资产保护行为和策略。地区无形资产保护战略应当根据本地区的政策环境、发展状况、行业分布、企业规模、人员素质水平来制定切实可行的无形资产保护计划，同时还应当注重建设不同地区和不同行业间的自律与监督机制。为了实施地区无形资产保护战略，各地区都应当建立和完善无形资产管理的行政管理机构，建立健全各行各业无形资产保护的法律规范，加强无形资产中介服务机构的建设，依法处理涉及无形资产经济纠纷的经济案件，注重对无形资产保护的宣传和教育。

（5）行业无形资产保护战略。行业无形资产保护战略是指面向各个具体行业的无形资产保护行为和策略。行业无形资产保护战略的制定应当根据本行业或行业内企业的生产经营活动、人员素质水平、市场分布状况等特点，有针对性地制定适用于本行业所有企业的保护战略，尤其要借鉴其他行业无形资产保护的先进经验，并制定防止其他相近行业中的企业侵占本行业企业无形资产的保护战略。不同的行业协会应当充分发挥无形资产的管理和宣传职能，形成严格有效的行业自律与监督机制，切实保护各行业的无形资产不受侵犯和流失。因此，在行业无形资产保护战略的实施过程中，应当重点关注两方面：一是行业协会间的协调机制；二是行业内无形资产开发、应用和保护的制度建设与环境建设。

（6）企业无形资产保护战略。企业无形资产保护战略是指服务于本企业经济利益的无形资产保护行为与策略。其内容包括跨国公司、企业集团、事业单位、工厂、商场和商店的无形资产保护战略。由于不同的生产规模、经营形式、产品属性和人员素质的企业具有各自的生产经营特点，因此，在无形资产保护战略的制定方面，从经营筹划、经营预测、经营决策的各个阶段，再到生产流程的各个环节，从技术开发、引进到实际运行的各个步骤，都应该有与无形资产保护相关的管理规范，并且有专门的部门和人员来付诸实践，以此确保无形资产保护战略的具体落实。

（7）项目无形资产保护战略。项目无形资产保护战略是指针对某一无形资产的特点而制定的具有针对性的保护行为与策略。无形资产的具体项目目前已经达到 30 多种之多，不同的无形资产有不同的特点，具有自己的研究、开发、应用的规律，在法律保护的程度上也存在一定差异性。因此，对不同的无形资产应当采取符合其特点的保护战略。

3. 按照保护战略实施对象的分类

按照保护战略实施对象可以分为：专利权保护战略、商标权保护战略、著作权保护战略、专有技术保护战略、计算机软件著作权保护战略、特许权保护战略、商誉保护战略。

（1）专利权保护战略。专利权保护战略是指通过采取一定的手段和方法来保护所有者对其所发明创造的专利的所有权和使用权以及专利所带来的经济利益不受侵害的行为与策略。专利权保护战略主要包括专利权保护范围的确定，申请、取得和转让专利权的法律程序的制定，对侵犯专利权的法律保护，假冒他人专利的制裁方式、范围和程度，以及涉及国家机密的专利的法律保护等方面。由于知识、技能或技术方法作为专利权的客体具有无形性和易传播性，不能被专利人长期占有和控制，所以不能依发明创造本身来确定专利权的保护范围，这就为专利权保护范围的确定带来了复杂性，再加上专利产品和申请保护的范围在实践中往往不一致，因此，不能用专利产品本身来确定专利权的保护范围。

目前，各国的法律一般通过把发明创造某项专利用一定的具体形式固定下来，从而规定其保护范围。我国《专利法》将专利权保护范围的确定分为两种：一是对发明专利权和实用新型专利权保护范围的确定；二是对外观设计专利权保护范围的确定。对不同专利权的法律保护方法，视不同的情况可以分为三种：行政保护、行政诉讼保护和刑事诉讼保护。在专利权的国际保护中，有关条约所限定的基本原则主要有国民待遇原则、优先权原则、专利权独立原则和最低限度保护原则四个方面。

（2）商标权保护战略。商标权保护战略是指国家运用法律手段，制定一整套包括行政和司法在内的保护措施，主要目的是用来防范、制止、制裁一切侵犯注册商标权的行为，确保商标注册人享有注册商标的各种权利。我国通过制定《商标法》《反不正当竞争法》和《刑法》来保护商标权不受侵害，并以此规范商标权的申请、使用和转让等程序，对于侵犯他人商标权的单位和个人，司法机关和商标局会针对具体情况责令其承担经济、民事、行政和刑事责任。《商标法》对商标权的保护主要体现在两个方面：一是对申请注册的商标进行审查、异议、争议以及对不正当注册的撤销等方面的规定；二是关于侵权行为的规定，即对于非法占有、假冒商标权的行为依法予以制止和制裁。《反不正当竞争法》对于商标权的保护主要体现在明确规定了不同情况的假冒他人商标的行为及侵权单位和个人所应承担的法律责任。《刑法》规定了假冒商标的个人所应承担的刑事责任。《关于惩治假冒注册商标犯罪的补充规定》还区分了“违法所得数额较大”和“违法所得数额巨大”两种情况，不仅扩大了量刑的幅度，还对销售伪造、擅自制造的注册商标标识等犯罪行为做出了具体规定。

按照有关法律的规定，对于侵犯他人注册商标专用权的侵权人或犯罪人，首先，应当承担民事经济责任，即赔偿被侵权人的经济损失；其次，要承担行政责任，即国家工商行政管理局商标局对其处以罚款。情节严重并构成犯罪的，要承担刑事责任。在商标权的国际保护中，有关国家之间所签订的双边和多边协定很多，最主要的是《关贸总协定知识产权协议》和《保护工业产权巴黎公约》，它们所限定的商标国际保护的主要内容有国民待遇原则、优先权原则、商标权独立原则和最低限度保护原则。

（3）著作权保护战略。著作权保护战略也称版权保护战略，是指通过采取一定的方法和手段使作者从作品中享有的权益不受侵害的行为与策略。一部作品要想申请著作权，应当具备三个条件。①独创性。即某一作品是作者独立或通过与其他作者合作进行脑力劳动和技巧性劳动而产生的智力作品。②物质性。即一部作品必须具备一定的物质形态，以便能够区分其所包含的信息和价值；③可复制性。即一部作品能够被复制、传播和推广。

一般著作权都有其特定的保护期，分为人身权保护期和财产权保护期两种。人身权保护期是指作品的署名权、修改权和完整权的保护不受时间限制，永远归作者所有；财产权保护期是指对作品的发表权、使用权和获得报酬权的保护期规定。

著作权的保护形式主要是法律保护。国际著作权的保护形式主要有四种：①通过互惠原则，给予外国作者以著作权保护；②签订双边协定；③签订多边协定或建立国际联盟；④通过国内立法宣传保护外国作品。在国际性著作权保护中，保护的基本原则有国民待遇原则、版权独立保护原则、最低限度保护原则和形式上互惠原则；著作权的保护范围包括文学艺术作品、演绎作品、实用艺术品以及工业外观设计和模型作品、新闻与言论等；保护的权利有复制权、公演权、演绎权、广播权、朗诵权、录制权和追续权等。

（4）专有技术保护战略。专有技术保护战略也称技术秘密保护战略、商业秘密保护战略和经营诀窍保护战略等，是指通过采取一定的手段保护某单位或个人享有专门技术的权益且不受侵害的行为与策略。专有技术是一种秘密的技术知识、经验和技巧的总和。既可以表现为书面资料，如设计图纸资料、设计方案、操作程序指南、数据资料等，也可以表现为技术示范、对工程技术人员的培训和口头传授等。但就专有技术本身来讲，它是寓于这些表现形式中的一种观念和构思。从法律层面上讲，专有技术没有经过法律的认可，不是法定权利，且只掌握在技术持有者手里，它能使持有者在市场上获取竞争优势并创造巨额利益，因此持有者必须靠保守秘密来享有这种利益。专有技术也有其消极的一面，对专有技术进行过度保护必然会导致技术封锁，阻碍社会的发展和科学技术的进步。

世界各国还没有关于专有技术保护的立法，一般援引民法、合同法、知识产权保护法、反不正当竞争法和刑法的有关规定对专有技术予以保护，通过支持诉讼一方来保障专有技术持有人的所有权和使用权。我国《反不正当竞争法》中对侵犯专有技术的行为也做出了明确处罚规定。在技术转让过程中，对专有技术的保护主要通过双方协议的技术保密条款来实现技术受让方承担不泄露技术秘密的义务，一旦发生违约泄密，技术出让方有权起诉和要求受让方赔偿损失。同时，企业的雇员都有保护本企业技术秘密的义务，企业有权利起诉泄露技术秘密的雇员并要求其进行经济赔偿。我国的专有技术法律保护具有以下三个特点：一是专有技术的法律保护属于民事诉讼范围；二是对专有技术法律保护的依据、方式和程度还没有形成统一明确的看法；三是相比对专利技术的保护，专有技术的保护尚不完善和严密。

（5）计算机软件著作权保护战略。计算机软件著作权保护战略是指通过采取一定的方法和手段保护计算机软件设计者的权益不受侵害的行为与策略。计算机软件是指为了计算机运行、管理、维修所编制的各种程序的总和，它是一种比较特殊的著作权。自 2000 年以来，计算机技术发展极其迅猛，计算机软件的著作权保护问题也愈显突出。从各国的司法实践上看，美国和澳大利亚等发达国家已经明确规定了计算机软件著作权的保护范围、保护程序和保护程度；日本也通过判例法的形式来保护计算机软件著作权。著作权法是保护计算机软件比较适宜的法律，这在世界范围内已经成为比较普遍的看法。我国《著作权法》明确规定，计算机软件列入该法保护的范畴，依法予以保护。计算机软件具有高度的知识性、难以维护性、易于复制和改变性，同时其投资成本高、开发周期长、更新速度快。为了针对其特点加强保护，我国先后出台了一系列法律法规：1991 年 6 月 4 日发布了《计算机软件保护条例》；1992年4月6日发布了《计算机软件著作权等级法》；1992年4月18日发布了《计算机软件著作权登记中使用的软件分类编码指南》和《计算机软件著作权登记收费和标准》；2002年颁布了《计算机软件保护条例》，对软件实施著作权法律保护作了具体规定。

（6）特许权保护战略。特许权保护战略或称专营权保护战略、租赁权保护战略、土地使用权保护战略等。特许权是政府授予企业、事业单位或私人享有某种公共资源并为社会服务的特权。在一些发达资本主义国家中，企业将其商标、商号、技术诀窍和专利权等以合同方式出让给另一个企业的做法，也可以认为是一种特许权。最典型的特许权就是特殊资源开采证、特殊经营许可证及污染排放证。特许权按其有效性的时间长短可以分为永久性特许权、一定期限的特许权和无定期特许权三种。

特许权的法律保护主要体现在特许权的合同保护上，企业在引入和对外授予特许权时应当订立符合《经济合同法》的合同或协议，只有订立了合同或协议才能以法律手段保护特许权，从而有效地维护企业自身的经济权益不受侵害。

（7）商誉保护战略。尽管目前理论界对商誉的认识存在一定的分歧，但多数学者坚持认为商誉是客观存在的。要全面地认识商誉的性质，需要把握以下几方面的内容。①商誉是一种企业所独有的在经营上具有优越获利能力并可在未来带来超额经济收益的经济资源，它可以使企业的收益水平高于同行业正常投资收益水平之上。②商誉是一个企业无形资产和有形资产的整体属性，是其全部无形资产和有形资产价值的总和，不能把它与其所依附的企业其他无形资产和有形资产分割开来。③商誉既可以从外部购入，也可以从内部形成，是由顾客形成的良好声誉、企业管理卓著、经营效率较好、生产技术的垄断，以及地理位置的天然优势所产生的。④商誉是可以用货币来计量的，其确定的依据就是企业某一时点的整体可转让价值与其各项有形资产及可辨认的无形资产的公允价值的差额。一般情况下商誉是正数，在特殊情况下也可以是负数，如企业因产品、资金链、信任、官司等方面的问题而臭名昭著时，商誉为负。⑤商誉只有在发生企业合并或产权转让时，才能在收受企业与出让企业的会计记录中得以体现和反映。⑥商誉的价值会随着企业内部经营环境的变化而不断变化。

由于影响商誉形成的因素具有多样性，企业任何无形资产和有形资产的变化情况都将影响商誉的价值。因此，商誉保护战略的重点是提高企业的综合实力，营造良好的企业文化，打造良好的企业品牌，提供优质客户体验的产品，其基本措施就是加强商誉的主动保护和前瞻性保护。

4. 按照保护战略执行的时间跨度分类

按照保护战略执行的时间跨度可以分为：无形资产的长期保护战略、无形资产的中期保护战略、无形资产的近期保护战略。

（1）无形资产的长期保护战略。无形资产的长期保护战略是指涉及国家、地区、行业或企业的有关无形资产保护长期发展目标的重大策略和计划。其时间跨度一般高于 10 年，保护范围一般涉及宏观性问题，而不涉及具体细节问题，具有一定的方向性和趋向性。例如，在行业范围内开发、研究和引进无形资产的总体规划，培训无形资产开发技能和制定管理人员的职业生涯规划。

（2）无形资产的中期保护战略。无形资产的中期保护战略是将长期保护战略分解成阶段性战略，通常是在对长期战略目标进行阶段性划分的基础之上，确定出较为具体的保护策略。其时间跨度一般为 3～5 年，保护范围与长期保护战略相似或略显具体。

（3）无形资产的近期保护战略。无形资产的近期保护战略是中期保护战略目标的近期落实，它所确定的是具体的保护策略，因而具有较高的操作性。其时间跨度一般不超过 3 年。

二、传媒产业无形资产保护的原则

（一）保护范围的全面性

实施无形资产的保护战略，不仅是企业自身的责任，保护战略的全面实施更需要社会各界的共同努力。因此，企事业单位的无形资产保护战略应与政府机构、高校、科研单位挂钩，行业的无形资产保护战略应与其他行业的无形资产保护战略挂钩，贯彻落实产、学、研相结合的国家战略。无形资产保护战略的内容不能仅仅涉及商誉、知识产权的保护，而应当包括全部的无形资产。

（二）保护方式的多样性

在保护方式的运用上，目前主要的保护方式有行政保护、行政诉讼保护和刑事诉讼保护三种以及彼此之间的有机结合。随着我国经济体制改革的逐步深入，应当逐步地将行政性保护、法律性保护、经济性保护和舆论保护有机结合并应用于实践中。同时，针对不同地区、不同行业、不同企业、不同无形资产的特点，应当采取不同的保护方式。

（三）保护行为的主动性

在具体的无形资产保护行为中，应当逐步地变被动性保护为主动性保护，在侵权行为发生前就以相关制度性规定或趋势判断将侵权行为扼杀在摇篮里，而且应当注重在不同的阶段采取不同的保护措施以防患于未然，不能等到已经发生侵权行为和侵权损失时再通过法律途径保护无形资产。

（四）保护阶段的全程性

保护阶段的全程性是指对于无形资产的保护措施应当从无形资产的

开发、研究、设计开始，延伸到形成、使用、转让及至产生效益的不同阶段，都要采取适合各阶段特点的方法来保护无形资产。如在研究开发阶段，将重点集中于对研究资料的保密性上；在使用阶段，应当将重点集中于打击假冒伪劣产品上，以维护企业的产品声誉。

（五）保护目的的效益性

加强无形资产战略保护的最终目的，应当是在提高企业的经济效益基础之上，促使无形资产在使用过程中能够产生尽可能大的社会效益。

（六）保护过程的计划性

保护过程的计划性是指对于无形资产的保护过程，注重长期计划、中期计划和近期计划的有机结合，应当做到有的放矢、有条不紊。

三、传媒产业无形资产保护的现状

（一）成效较为显著

进入20世纪80年代后，随着我国改革开放步伐的逐渐加快，一批批国外的名牌产品开始逐渐占领中国的消费品市场，并占领相对多的有限市场份额。当一个个国外的专利、专有技术以折价投资入股的方式进入我国的经济领域而分享有限的企业利润时，我国国民的无形资产保护意识开始觉醒。国家相继采取了一系列有效的措施，收到了一定的成效。

1. 有关知识产权保护的法规体系基本形成

在我国，有关无形资产保护的法规体系的建设已经走过了一段曲折的路程。目前比较完善的法律法规主要是知识产权保护方面的法规及指导文件。经过多年的努力，现在已经基本上形成了以国家法律为主导、以地方配套法规为支撑的相对完备的法规体系，基本上做到了与国际惯例相协调。但是随着经济的发展和技术的进步，还需要对其不断发展和完善。

2. 无形资产的价值评估已经逐步趋于规范

无形资产的价值评估是无形资产保护的一项重要基础工作。我国对无形资产的价值评估起步较晚，在相关政府人员和从业人士的努力下也逐步趋于规范。一是评估机构的资格认定渐趋科学合理，无形资产的价值评估主要由专业会计师事务所、审计师事务所和资产评估事务所负责。二是评估工作的社会化促进了评估结果的准确性和科学性。三是评估人员只有通过了全国统一职业资格考试才能从事相关工作，这在一定程度上保证了评估人员的业务质量和素质水平。四是在评估方法和程序上开始逐步运用国际通行的评估惯例，以提高评估结果的可信度。

3. 无形资产保护的组织体系已经初步形成

这一体系的结构基本上可以划分为三个层次：一是行政管理性的无形资产保护和管理的专门机构；二是行业内部自律性的民间协会；三是企业内部设立的资产管理部门已经拓展了无形资产管理和保护的业务。

4. 依法审理了一批涉及无形资产保护方面的经济纠纷案件

通过新闻媒体的舆论形式及时曝光典型经济纠纷案件的审理过程及审理结果，不仅对无形资产的保护产生了一定的积极影响，还对增强企业和国民的无形资产保护意识起到了一定的促进作用。

（二）问题不可忽视

从目前我国的情况来看，国有企业所拥有的无形资产在整个资产总额中占有相当大的比重，因而，其应当是无形资产实施保护的重点对象。但由于多种因素的影响，国有企业无形资产流失的现象却是最为严重的，它主要表现在以下几个方面。

1. 企业建机改制中的两个极端

一是在对外合资和经济技术合作中忽略了企业无形资产的价值，导致无形资产的流失严重。二是在股份制改造过程中对企业无形资产评估的不准确，导致无形资产流失和价值浪费。

2. 未能很好地利用和保护无形资产

企业在经营过程中经常会盲目弃用知名商标，而启用新的“符合时代潮流”的“洋商标”，这就造成了无形资产的流失和浪费。在市场经济条件下企业间的竞争极其激烈，除产品质量的竞争外，知名商标、经营特色和经营环境等各方面的竞争都不容忽视，一旦在各种无形资产竞争中丧失竞争力，也会在一定程度上影响企业的经济效益。但是，部分企业并没有充分认识到无形资产是一种潜在资本，特别是在合资过程中为了取得外商投资而接受不合理的条款，将部分知名商标弃而不用，这就造成了无形资产的极大浪费。

3.未能全面认识无形资产所涉及的范围，专业技术人才流失

一些企业通过不正当的手段，如许以其他企业核心人才高额薪资和高物质待遇，将一部分掌握关键技术秘密、客户资源的核心技术人员和营销人员招揽麾下，使他们在新的环境里“重铸凤巢”，与原有企业在同一领域相互竞争。据有关资料显示，这一现象目前在军工企业显得极为普遍。

4. 对于侵占企业无形资产的行为反应迟钝

在我国当前市场经济运行机制尚不健全的情况下，一些企业就通过各种“走捷径”的方式，把制售假冒商品作为牟利的基本手段。一方面损害了消费者的利益，另一方面也使原生产企业的形象及其产品的形象受到了损害。

（三）原因简要分析

1. 未能充分认识到无形资产的无形价值和有形价值

无形资产尽管从存在形态上看似无形的，但是它对于传媒产业的作用却是有形的。无数的事实已经证明，注重对无形资产开发、使用和保护会使传媒产业获得更高的经济效益；反之，其经济效益就要受到一定

程度的影响。虽然对这种影响予以量化有一定程度的困难，但是它的客观存在却得到了人们的一致认同。

2. 缺乏主动保护无形资产的意识

这种意识的缺乏主要表现在两方面，一是不注重对传媒产业无形资产的二次开发，二是不注重对已有无形资产的保护。原因是传媒产业无形资产保护与管理的理论研究不足，经营管理者的思想认识水平还未能适应经济形势发展的需要，从业人士未能充分认识到传媒产业无形资产所能带来的超额经济效益，相比开发有形资产和无形资产带来的实际效益而言，不愿意投入过多的人力、物力、财力于无形资产的保护中，只顾眼前，不顾未来。

3. 对无形资产保护与管理的作用缺乏认识

在目前，我国绝大多数的传媒产业还没有成立专门的无形资产管理部门，轻视无形资产保护与管理的重要战略意义。这就使得一些无形资产保护与管理的具体事务不能及时有效地落实，从而耽误了对传媒产业无形资产保护的大好时机。

第二节　传媒产业无形资产保护管理对策

一、商誉的保护管理

目前我国的各类无形资产法律保护中，专利权、商标权、著作权、土地使用权均有专门适用的法律法规，而商誉和非专利技术（即专有技术）的专门法律保护还是一片空白。

商誉作为无形资产重要组成部分同样需要法律的规范和保护。商誉的法律保护较为困难，因为目前理论界和实际操作中尚缺乏对其统一的认识。对商誉的认识多种多样，有人认为商誉即企业的信誉，有人认为商誉是企业名称所代表的价值，还有人认为商誉是企业的总体形象及客户对企业的信任感，更有人将商誉视为企业赚取“超额利润”的一种特殊能力。会计上则将商誉量化为企业净资产的实际价值与购买该企业的现行公平市价之间的差额。虽然对商誉的认识有如此显著的差异性，但各方的共同认识是商誉虽然是无形的，但它是企业资产的一个重要组成部分，是企业创收的一个重要依托。法律上可以在企业名称、企业公平竞争等方面，借鉴相邻法律领域的理论对其加以规范。

二、商标权的保护管理

商标属于企业的经营性标记，本质上是为了区别于其他商品，显示自己独特的使用价值与价值，而不是为了做一种商品而存在。据测算，我们在购买商品时，每 100 元中约有 70 元花在品牌商品的商标上。可见商标是一种相当重要的无形资产。但是当外资并购我国企业时经常会对我国企业的商标采取“斩首行动”，即外资并购目标是我国龙头行业、龙头企业、知名企业，在收购达成后，外方只顾利用自身的渠道来推出自己的品牌产品，并为其品牌大搞促销活动，却将中方品牌搁置，从而将自己的品牌产品推向市场龙头地位。在这一恶性并购策略的影响下，我国企业的品牌、商标等在被外方控制后，不仅停滞了自身发展，而且还沦为外方推广自身品牌的工具。

我国曾经的国内驰名品牌“美加净”，其牙膏年销量最高达6000万支，并且出口总量长期位列全国第一。但是在 1992 年其与联合利华合资并作价 1200 万元向联合利华转让了“美加净”商标的使用权，联合利华获得商标使用权后不仅没有继续推广“美加净”，反而对“美加净”采取封杀策略，转而推出中华牙膏等品牌，这一并购及封杀策略致使“美加净”品牌大幅缩水，当2000年“美加净”认识到商标的品牌价值时，竟付出了5亿元的回购代价。

三、商业秘密的保护管理

根据我国《反不正当竞争法》中的定义，商业秘密是指不为公众所知悉，能为权利人带来经济利益、具有实用性并经权利人采取保密措施的技术信息和经营信息。

非专利技术属于商业秘密的一种，英文译名是KNOW-HOW。我国在《技术引进合同管理条例实施细则》中将非专利技术认为是“未公开过、未取得工业产权法律保护的制造某种产品或者应用某项工艺，以及产品设计、工艺流程、配方、质量控制和管理等方面的技术知识”。非专利技术虽没有被《保护工业产权巴黎公约》明确归入工业产权之列，但其作为一种可运用于工业实践的智力成果，具有实际价值和工业产权的诸多特点，无疑是企业无形资产的组成部分，同样需要法律对其规范和保护。由于其不公开和不登记注册等有别于专利的独特特征，目前我国对其尚无专门的法律加以保护。而在知识产权方面法律较为完善的国家，已运用相应的法律原则对非专利技术进行保护。西方国家对非专利技术的法律保护主要适用合同法原则、侵权法原则、不当得利原则和反不正当竞争的原则。如在双方签订有合同的情况下，一方违反合同规定使用或泄露某种非专利技术时，对方可以违约为理由，寻求法律的保护。若双方当事人之间没有合同关系，根据侵权法原则，以侵害者用不正当手段侵害其非专利技术为理由，被侵害者同样可以寻求法律的帮助。还有一种理论，将非专利技术作为一种所有权，所有权具有排他性，如第三者未经所有人同意而使用，则属不当得利。这些将相邻法律领域的法律原则用于保护非专利技术的做法，可作为我国对非专利技术法律保护的一种借鉴。我们可以考虑将保护非专利技术的相关法律原则总结归纳后，制定一部专门的法规对非专利技术进行保护，也有利于加强人们对非专利技术的重视，从而完善我国的无形资产保护法律体系。

一些无形资产作为商业秘密，主要依靠持有企业自身采取合理的保密措施，以保守秘密不被他人获悉，这也是持有人获得法律保护的必要条件。通常可以采用限定无形资产接触范围，与相关人员签订“竞业禁止”合同（所谓“竞业禁止”，是指员工在某企业工作期间，不能到另一个同行业企业任职和兼职，不能自行组建公司与企业竞争，在离开原企业一定期限内，不能在与原企业有竞争关系或者其他利害关系的企业内任职，不能自己生产、经营与原企业有竞争关系的同类产品或业务），制定企业保密规则，明确保密范围与违规处罚，配置必要的保密设备，安装防下载软件等措施。国有企业在转制重组之前应当把出让方所出让的资产及出让方式与法律责任进行公示，另外，新闻媒介的宣传也必不可少，应充分发挥新闻舆论和社会监督的作用。

第七章　传媒产业无形资产的财务管理

第一节　传媒产业无形资产的会计管理

传媒产业的发展由大大小小的传媒机构经营活动所带动。传媒产业的无形资产会计管理同样需要各家传媒机构的财务部门具体负责实施。不仅需要在会计基本假设前提下，按照会计一般原则，进行确认、计量、记录和报告，还要对机构无形资产有关的经济活动实施有效的控制。

一、传媒产业无形资产会计原则

如何反映传媒产业无形资产的真实价值，并对这种以知识形态存在的资产进行管理和控制一直是会计领域需要解决的重要课题。为了真实地反映传媒机构中无形资产的状况，对传媒无形资产进行核算时，应该综合考虑会计核算的一般方法和原则，以及无形资产的各种特征与性质。传媒无形资产的会计管理应该考虑以下原则。

（一）全面性原则

全面性原则要求对无形资产进行核算时，应该反映出传媒机构中所有的无形资产，以及这些资产的全部价值，做到不缺失、不遗漏。无论是传媒机构内部自行开发和培育的无形资产，还是来自机构外部购入或是投资者投入的无形资产；外购的无形资产中不管是购入所有权还是使用权；所有的这些资源都应作为传媒机构的无形资产。同时，对于不同时期产生的无形资产也应通过不同方法进行反映。在传媒产业无形资产会计管理中，必须体现全面性原则，将传媒机构外购的无形资产使用权列入机构无形资产，这样可以避免“费用”和“资产”两类互相不同的会计要素的混淆。

（二）科学性原则

科学性原则要求无形资产核算中应依据无形资产有关的发展规律和发展趋势，科学地反映出无形资产的价值形成、价值转移以及价值积累等过程。传媒机构无形资产开发与普通机构有很大差别，传媒产品或服务的开发模式、开发种类、所需资金金额、价值实现等方面具有很大的不同。开发和培育成本是无形资产原始价值的主要组成部分，将开发研制成本列入当期费用很难满足传媒产品日新月异的局面。因此，必须以科学的态度正视传媒产业无形资产的开发培育问题。

（三）真实性原则

真实性原则就是在无形资产会计核算中，要真实地计量和记录无形资产，真实地反映出无形资产的原始价值、摊销价值和净值三种价值形态以及新创造价值的情况。为此，应该改变无形资产摊销直接冲减原始价值的处理方法，设置“累计资产摊销”账户，反映其摊销价值，其性质相当于备抵账户。传媒机构可以用“无形资产”和“累计资产摊销”两个账户直观反映无形资产的原始价值，并也可以用“无形资产净值”反映摊销价值。

在资产负债表上，通过“无形资产原值-无形资产摊销=无形资产净值”的排列法，可以反映无形资产价值的三种状态。在损益表上，可以反映无形资产新创造的价值。传媒无形资产可以通过多种方式实现新价值的创造，可以是转让无形资产所有权或使用权的收入，或者是利用无形资产进行投资的收益等。对于无形资产较多的传媒机构来说，还应该通过附注说明或附表的形式详细地反映其存在状况或创收情况。

二、传媒产业无形资产核算的基本内容

（一）无形资产核算应设置的基本会计科目

“研发支出”“无形资产”“累计摊销”和“无形资产减值准备”是无形资产核算应该设置的基本科目。

1. 研发支出

传媒机构自行开发设计过程中的价值损耗和成果情况主要反映在“研发支出”科目上。通过该科目以区分成功开发和失败开发、高效益的开发和低效益的开发，以及不同无形资产项目之间的开发。“研发支出”科目作为机构自行开发的无形资产价值运动形式的起点，随着开发过程的不断深入，显示出各阶段的费用数额以及总开发额的构成情况，进而再细分为不同项目。开发成功的项目，结转至“无形资产”科目；开发失败的项目结转入“管理费用”科目。

作为一级会计科目，“研发支出”还可以根据无形资产的种类设置“著作权研发支出”“专有技术研发支出”等二级科目。研发支出的基本内容包括：材料费用、广告费用、工资费用、调研费用、设计费用、专用设备折旧费用等。

该科目除核算本机构自行开发的无形资产外，对外购的、技术成熟度较低的、尚不能立即投入经营的、仍需要继续开发的各种专利权或商业秘密等无形资产也在此科目进行核算。

2. 无形资产

传媒产业各类无形资产的原始价值的形成及增减情况在“无形资产”科目中进行反映。传媒机构股东投入的无形资产、外购的无形资产、内部自行开发的无形资产的原始价值都在该科目反映。

该科目为一级会计科目，可以设置“商标权”“著作权”“特许经营权”等二级科目。当“商标权”和“著作权”在传媒机构中数额较

大时，则应分别设置一级会计科目予以反映。“无形资产”借方反映各类无形资产的增加值；贷方反映各类无形资产的减少值。

3. 累计摊销

传媒机构无形资产的价值及转移可通过设置“累计摊销”科目来反映。该科目与“累计折旧”相似，均为备抵性质的科目，通过该科目与“无形资产”科目的备抵，可以反映无形资产的净值。

“累计摊销”科目借方反映出售或冲销无形资产已摊销的价值，贷方反映无形资产的摊销价值。该科目期末为贷方余额，反映出传媒机构现有无形资产转移到成本费用中去的价值。

4. 无形资产减值准备

“无形资产减值准备”科目核算的是传媒机构计提的无形资产减值准备。无形资产应该按照单项项目计提减值准备。该科目期末为贷方余额，反映机构已提取的无形资产减值准备。

（二）传媒无形资产取得的核算

1. 外购无形资产的核算

传媒机构外购的无形资产一般直接记入“无形资产”科目及相关的明细科目。用货币资金直接购得的无形资产，借记“无形资产”科目，贷记“现金”科目或“银行存款”科目。外购无形资产的计价主要根据实际支付的价款，一般以支付价款凭证、交易合同为记账依据。

2. 投资者投入无形资产的核算

专利权、商标权等无形资产可以作为股权进行投资。投资者投入的无形资产，按投资各方确认的价值，借记“无形资产”科目，贷记“股本”或“实收资本”等科目。

3. 以债权换得无形资产

传媒机构接受债务人以非现金资产抵押债务方式取得的无形资产，或以应收债权换入的无形资产，按应收债权的账面价值加上应支付的相关税费，借记“无形资产”科目，按该项债权已计提的坏账准备，借记“坏账准备”科目，按应收债权的账面余额，贷记“应收账款”等科目，按应支付的相关税费，贷记“银行存款”“应交税金”等科目。

4. 传媒机构自行开发无形资产的核算

传媒机构自行开发无形资产，应该通过“研发支出—资本化支出”科目概括和细致地反映无形资产开发过程中的费用支出。对于实际消耗的各种无形资产开发支出借记“研发支出—资本化支出”科目，贷记有关科目。开发成功的转入“无形资产”科目：借记“无形资产”，贷记“研发支出—资本化支出”科目；不成功开发的转入“管理费用”科目：借记“管理费用”科目，贷记“研发支出—资本化支出”科目。传媒机构自行开发无形资产的核算记账依据应该是机构在开发过程中实际发生的各项费用。

与无形资产各种相关的法律费用，应计入无形资产的开发研制成本之内。像“商标年费”之类的法律维持费用一般计入当期费用，为完整反映其原始价值，此部分费用应计入开发研制成本之内，或直接计入商标权价值。

（三）传媒无形资产摊销的核算

1. 摊销费用的列支

传媒产业中的无形资产种类繁多，作用范围广泛，在传媒机构中的费用所占比例大，因此传媒机构应该根据无形资产的用途列支、摊销各种费用。例如：与整体机构经营有关的，以及难以分清用途的无形资产摊销则列入“管理费用”；与销售环节有关的无形资产摊销费用则列入“产品销售费用”；与生产制作有关的无形资产的摊销费用则列入“制造费用”或“营业费用”。在传媒无形资产摊销的会计分录中，应借记“制造费用”“营业费用”“管理费用”“产品销售费用”科目，贷记“累计摊销”科目。

2. 摊销年限的确定

一般，无形资产摊销年限的确定应依据法律的法定有效期限和有关受益年限确定。无形资产预计使用年限超过相关合同规定的受益年限或法律规定的有效年限，该无形资产的摊销年限按如下规则确定：

第一，对于合同规定了受益年限，但法律没有规定有效年限的，摊销年限以合同规定的受益年限为上限。

第二，对于合同没有规定受益年限，但法律规定有效年限的，摊销年限以法律规定的有效年限为上限。

第三，对于合同规定了受益年限，法律也规定了有效年限的，摊销年限以两者之中较短者为准。

当合同和法律都没有规定有限年限时，摊销年限一般不超过 10 年。即使有法定年限的无形资产在确定其摊销年限时，应该根据实际情况调整计算：商标权的法定有效期限应该从其授予商标权之日起计算；专利权的法定有效期限是从申请日计算。

（四）传媒无形资产对外投资的核算

我国《公司法》规定，无形资产可以作为“资本”对外投资组建新的经济实体。用无形资产进行投资后，原无形资产所有人不再拥有该项无形资产，应该办理相关手续以将无形资产的所有权转移到新的经济实体。

现行会计制度规定：用无形资产进行长期股权投资时，应该按换出股权的账面价值与应确认收益和应支付税费之和，减去补价的余额作为无形资产账面价值，借记“长期投资”科目（股票投资、其他股权投资），按换出资产已计提的减值准备，借记“无形资产减值准备”科目，按收到的补价，借记“银行存款”科目；按无形资产的账面余额，贷记“无形资产”科目，按应支付的相关税费，贷记“银行存款”“应交税金”等科目，按应确认的收益，贷记“营业外收入—非货币性交易收益”科目。

（五）传媒无形资产评估的核算

由于历史原因以及管理意识问题，我国很多传媒机构的无形资产大量漂在账外，经过评估确认其真实价值，并将评估结果列入机构账目中。一般在“资本公积”科目中记录增加的无形资产，具体会计分录是：借记“无形资产”科目，贷记“资本公积”科目。

（六）传媒无形资产减值的核算

传媒机构应当定期或至少每年年终检查各项无形资产预计给机构带来未来经济利益的能力，对预计可收回金额低于其账面价值的，应该计提减值准备。因为经济状况、技术发展等各种原因，无形资产的减值处理会有所不同，具体处理方式如下。

1. 全部冲销

当某项无形资产已经超过法律保护期限，或者被其他新技术或新创意代替，使得该项无形资产已经丧失使用价值和转让价值，或者已经不能为机构带来经济收益时，应当将该项无形资产的账面价值全部转入当期损益，借记“管理费用”科目，贷记“无形资产”科目。

2. 计提无形资产减值准备

当某项无形资产发生实质上的减值情形，比如该项无形资产已经超过法律期限，但仍具有使用价值；或者被其他新技术所替代，使其为机构带来经济效益的能力受到重大不利影响；或者某项无形资产市价在当期快速下跌，在剩余摊销年限内预期不会恢复，应该对期末账面价值高于可回收金额的无形资产计提减值准备，具体会计分录为：根据账面价值和可回收金额的差额，借记“营业外支出—计提无形资产减值准备”科目，贷记“无形资产减值准备”科目；当已计提减值准备的无形资产价值又得以恢复，应在已计提减值准备的范围内转回，借记“无形资产减值准备”科目，贷记“营业外支出—计提无形资产减值准备”科目。

三、传媒产业无形资产的账簿设置和财务报表编制

（一）传媒无形资产的账簿设置

1. 设置无形资产账簿的意义

传媒机构设置无形资产账簿可以系统、连续地反映无形资产的投入、运营和所创收益的情况。对无形资产账簿登记，可以将传媒产业无形资产的各项经济业务按不同性质进行分类汇总，系统化整合无形资产分散的核算资料。同时，可以正确计算各类无形资产的投资，无形资产的价值形成、价值转移、价值增加情况，可以为传媒产业无形资产的经营管理提供完整的数据资料。设置无形资产账簿也可以为传媒产业编制无形资产报表提供翔实的基础资料，也为无形资产的日常管理和监督提供相关资料。

2. 无形资产的账簿分类

（1）总账。会计准则涉及的无形资产总账科目有“无形资产”“无形资产减值准备”“累计摊销”和“研发支出”。无形资产总账是根据无形资产总账科目设置的，其账页格式与其他总账科目是一致的。

（2）明细账。无形资产的明细账是提供各类无形资产各价值形成阶段和各具体要素价值构成详细资料。无形资产的明细账按价值形成阶段可分为开发研制阶段和经营运作阶段明细账；按无形资产各要素可分为商标权、著作权、专利权等明细账。

（3）无形资产登记簿。无形资产明细账是从价值形态反映无形资产的详细情况，而无形资产登记簿则是登记权益的取得和扩展，反映的是无形资产发展的详细状况。根据无形资产的具体要素，可分为商标权、著作权等无形资产登记簿。若有利用无形资产进行对外投资或许可

使用的机构，应该设置无形资产投资登记簿和无形资产学科登记簿。

（4）备查簿。备查簿是对无形资产明细账和登记簿的补充。传媒机构可根据自身对无形资产的管理要求进行设置。

（二）传媒无形资产的财务报表编制

通常，“资产负债表”和“损益表”可以用来揭示与无形资产有关的经济指标。但是，当这两张表只是概括地反映传媒机构的无形资产情况时，“资产负债表”反映的是传媒机构某一时点无形资产的价值总量；“损益表”则反映了传媒机构一定时期的无形资产收益总额。

1. 资产负债表的编制

资产负债表中，可在资方设置“无形资产”项目以价值形式反映机构无形资产的总存量。通常是把无形资产列在“非流动资产”部分，位于有形固定资产之后。在实践中，可以将无形资产的原始价值、累计摊销价值和净值分别列示，以改进现行“资产负债表”中只反映无形资产净值，看不出无形资产的原始价值和无形资产的摊销价值的不足，进而比较完整地反映无形资产的价值形态。

2. 损益表的编制

传媒无形资产所创造的直接收益，可以在损益表中进行反映。传媒无形资产的转让收入通常在“营业外收入”项下反映，而其费用支出一般在“营业外支出”反映。无形资产的许可收入和费用分别在“其他业务收入”和“其他业务支出”反映。利用无形资产对外投资所获得的收益在“投资收益”项目反映。

对于传媒机构来说，其无形资产转让收入和无形资产对外投资收益额都比较大，应该单独编制“无形资产损益明细表”和“无形资产增减明细表”，以反映各类无形资产的详细的收益情况和增减状况。“无形资产增减明细表”如表 7-1 所示。

表 7-1　无形资产增减明细表

编制单位：　　　　　　　　　　　年度：　　　　　　　　　　　单位：元

项目		专利权	商标权	著作权	技术秘密	其他	合计
年初余额							
本年增加	开发转入						
	外购所有权						
	外购使用权						
	投资者投入						
	评估增值						
	其他						
	小计						
本年减少	所有权转让						
	对外投资						
	冲销						
	其他						
	小计						
年末余额							

资料来源：蔡吉祥．无形资产学（修订本）[M]．北京：人民出版社，2007（10）.

第二节　传媒产业无形资产的统计管理

一、传媒产业无形资产的统计指标设置及其原则

传媒产业对无形资产进行统计管理，可以从数量方面反映无形资产资源及其内在的规律性，对于无形资产的开发及经营管理具有重要意义。

（一）传媒产业无形资产统计指标设置原则

1. 全面性原则

传媒产业设置的统计指标应该能够反映无形资产资源全部状况，以及关于国家有关无形资产法律法规执行情况。通过无形资产相关统计指标，可以了解传媒机构的经济实力。

2. 统一性原则

传媒产业无形资产的统计指标应该尽量与无形资产会计指标口径统一，使无形资产数据得以积累，方便统计分析。同时，统计指标是相对独立的，对于会计指标不完善的地方，可以利用统计指标去弥补。

3. 综合性原则

无形资产资源具有各种特征，设置无形资产统计指标应该综合考虑，从整体出发，做到静态指标与动态指标相结合，数量指标与质量指标相结合，时间要素与空间要素相结合，内部状况与外部状况相结合，无形资产与有形资产相结合，无形资产与人力资源相结合。

（二）传媒产业无形资产统计指标的基本内容

一般地，统计指标包括数量指标、质量指标、价值指标、非价值指标和指标体系。无形资产的投入产出主要由无形资产统计的这几个指标来反映。无形资产统计指标大体可以包括：反映全部无形资产资源概况的统计指标；反映无形资产各个要素状况的统计指标；反映无形资产各个要素之间联系的统计指标；反映无形资产与人力资源关系的统计指标。

1. 反映全部无形资产资源概况的统计指标

（1）无形资产拥有数量指标。该指标是从各个不同角度反映传媒机构无形资产资源的总量，大体包括无形资产拥有总数量、无形资产价值总额、获得权益无形资产总量、控股公司无形资产总量几个指标。

无形资产拥有总数量指标是用以说明单位某一时间点所拥有的各种

无形资产总数量的指标。根据来源渠道，可以将无形资产拥有总数量指标进行详细分为：外购无形资产总量指标、自我开发无形资产总量指标和股东投入无形资产总量指标。具体计算公式如下：

无形资产拥有总数量=专利权拥有总量+商标权拥有总数量+名称权+著作权拥有总量+技术秘密拥有总量+专营权总量+其他无形资产总量

无形资产价值总额简称无形资产总额，是通过价值形态的货币计量单位来衡量机构所拥有的各种无形资产的价值总量。计算公式如下：

无形资产价值总额=专利权价值总额+商标权价值总额+名称权价值总额+著作价值总额+技术秘密价值总额+特许经营权价值总额+其他无形资产价值总额

获得海外权益无形资产总量指标能够说明机构在海外取得的各种无形资产总数量。其计算公式如下：

获得海外权益无形资产总量=海外专利权总量+海外商标权总量+海外著作权总量

对外投资组建所述经济体拥有无形资产总数量可以通过控股公司无形资产总量指标来反映。该指标公式与“无形资产拥有总数量”的计算公式是基本相同，区别在于“无形资产拥有总数量”指标主要统计拥有无形资产全部产权（除他人共同拥有的合作开发技术的专利权、合作作品的著作权除外），而“控股公司无形资产总数量”指标主要统计拥有部分产权的无形资产。

（2）无形资产利用程度指标。利用程度指标可以反映传媒机构所拥有无形资产的内在质量的高低，主要包括对外投资无形资产总量、无形投资实现资本总额、对外转让无形资产总量、无形资产许可总量、无形资产失灭量和失灭率、无形资产闲置总量和闲置率等。

（3）无形资产国际化指标。通过这类指标，可以看出传媒机构控制国际市场的能力和无形资产经营国际化的能力，以及传媒机构拥有的无形资产国际化的程度。主要包括无形资产国际权益总量、无形资产国际权益涉及国家数量和无形资产国际化率。相关计算公式如下：

无形资产国际权益总量=国际专利权总量+国际商标权总量+其他国际权益无形资产产量

无形资产国际化率=（无形资产国际权益总量/无形资产拥有总量）×100%

2. 反映无形资产要素之间联系的指标

为反映传媒机构无形资产整合经营的能力，可以运用相关指标对无形资产要素之间的关联程度进行统计。主要指标包括：有形文化产品含有无形资产数量、商标权含有其他无形资产的数量、著作权含有其他无形资产要素数量、专利权含有其他无形资产要素数量等。其中，有形商品含有无形资产数量指标的计算公式如下：

有形商品含有无形资产数量=有形商品含有专利权数量+有形商品含有商标权数量+有形商品含有著作权数量+有形商品含技术秘密数量

3. 无形资产与人力资源联系指标

运用无形资产与人力资源联系指标，可以反映知识与人力两种力资源的结合情况。主要指标有人力资源设计商标的系列指标、人力资源创作传媒作品系列指标、人力资源创造专利状况指标、经营管理人员创造经营秘密和管理诀窍系列指标等。每个指标系列下又有很多细分指标，以详细反映人力资源创造各类无形资产的状况，比如在人力资源创造创作传媒作品系列指标中，有创作传媒作品人员数量、创作传媒作品人员比重、人均创作传媒作品数量等指标。

除此之外，还有人力资源激励指标和人力资源监控指标，反映传媒机构对开发创造无形资产的激励程度和机构的创新能力，以及传媒机构在无形资产保护中在人力资源方面的监控力度。

二、商标权和著作权统计指标

(一) 商标权统计指标

商标权统计指标主要包括商标权申请注册指标、注册商标授权状况指标、商标权总量状况指标以及商标权应用与收益状况指标。

1. 商标权申请注册状况指标

(1) 标志总数量。该指标主要用以说明传媒机构所拥有的具有独创、显著特征的标志的总数量。

(2) 同一标识申请商标注册数量。该指标说明以某一标志为基本单位在不同类别中申请商标数量。

(3) 同一基本商标申请注册防御商标数量。该指标说明为保护某一基本商标而围绕其申请注册防御商标数量。

(4) 申请防御商标注册的基本商标数量。该指标说明传媒机构申请利润防御商标注册的基本商标数量。

(5) 注册商标申请总量。该指标说明传媒机构申请注册商标的总数量。该指标与“专利权申请量”指标大致相同，还可以细分为“注册商标当年申请量”和“注册商标累计申请总量”指标，基本公式如下：

注册商标申请总量=注册商品商标申请总量+注册服务商标申请总量

(6) 应续展注册商标总量。该指标说明传媒机构到期应续展注册的商标总量。

(7) 续展注册商标申请总量。该指标说明传媒机构依法办理了续展注册申请的商标总量。

(8) 续展注册率。该指标说明传媒机构实际办理续展注册商标占应该续展注册商标的比率。

2. 注册商标授权状况指标

注册商标授权状况指标主要包括注册商标授权量、注册商标权授权率和续展注册商标授权量，这些指标主要反映申请注册商标的工作成果。其中，续展注册授权量是在原来权益基础上的延续，并不增加权益的数量；但是若不办理续展手续，将使商标权失灭，减少权益数量。

3. 商标权总量状况指标

（1）商标权总量状况指标，反映传媒机构所拥有的各种商标权的总数量。其计算公式为：

商标权总量=商品权总量+服务商标权总量

=商标所有权总量+外购商标许可证总量

=自行设计商标权总量+外购商标权总量

+股东投入商标权总量

=国内商标权总量+国际商标权总量

（2）商标权价值总额，反映以价值形态的货币计量单位说明传媒机构各种商标权总量。其计算公式为：

商标权总量=商品权价值总额+服务商标权价值总额

=商标所有权价值总额+外购商标许可证价值总额

=自行设计商标权价值总额+外购商标权价值总额

+股东投入商标权价值总额

=国内商标权价值总额+国际商标权价值总额

4. 商标权应用与收益状况指标

该系列指标主要反映传媒机构实际应用商标的数量，以及已经为机构创造经济效益的商标数量及其带来的利润总额，这对传媒产业无形资产的经营运作具有重要意义。主要指标包括注册商标应用量和应用率、获利商标量和获利商标比率、商标权创利额等。

注册商标应用量=商品商标应用量+服务商标应用量

注册商标应用率=（注册商标累计应用量/注册商标累计授权量）×100%

获利商标量=创造利润商品商标应用量+创造利润服务商标应用量

获利商标比率=（获利商标量/拥有商标总量）×100%

商标权创利额=商品商标权创利额+服务商标权创利额

（二）著作权统计指标

1. 著作权总量状况指标

主要包括著作权总量指标、著作权价值总额指标和著作权申请登记总量，分别反映传媒机构拥有的各类著作权总量和版权的价值总额，以及传媒机构办理著作权登记的作品总量。其中，传媒机构的著作权总量指标计算公式如下：

著作权总量=复制权总量+发行权总量+出租权总量+展览权总量+表演权总量+放映权总量+广播权总量+信息网络传播权总量+摄制权总量+改编权总量+翻译权总量+汇编权总量+……

著作权价值总额指标和著作权申请登记总量的计算公式跟著作权计算公式相似，即把传媒作品著作权相关的财产权利的价值总额和申请登记总量加总求和。

2. 著作权应用与效益状况指标

该系列指标主要反映传媒机构在经营管理中，实际应用的著作权数量情况和为传媒机构创造利润的著作权数量情况，以及为机构带来经济效益的情况。主要包括著作权应用量和应用率指标、获利著作权量和获利著作权比率以及著作权创利总额。相关计算公式与前文商标权应用与收益状况指标类似。

第三节　传媒无形资产的审计管理

一、传媒产业无形资产审计的重要性

（一）促进社会经济的发展

传媒产业生产经营中形成了各种独具特色的无形资产，体现了无形资产创造者所付出的劳动和心血。只要运用得当，它就能带来市场优势，创造出高于一般行业水平的超额利润。优异的专利权、商标权对生产经营者有着强劲的吸引力，也可以作为特殊的商品，在市场上单独交易实现其价值和使用价值的统一。

随着产权市场的逐步完善，知识产权交易的开展，无形资产实行有偿转让，有必要探讨无形资产审计理论和开展无形资产审计工作。对无形资产进行审计，可以保证这种传媒产业无形资产的开发、运营等环节按照国家的政策、法律规范进行，遵循社会经济发展的规律，保护供需双方的合法权益，充分调动传媒产业开发、转让、使用无形资产的积极性，促进传媒产业的繁荣发展。

（二）完善无形资产的管理与核算

随着传媒产业的日益发展，传媒机构加强无形资产的管理与核算势在必行，对无形资产审计将显得十分必要。无形资产审计是在传媒机构无形资产会计核算和其他有关资料的基础上，考核无形资产来源的合法性、有形资产的有用性和利用程度，以及有无超过法定有效期或合同有效期等情形；审查传媒机构开发和培育无形资产原始价值是否真实、足额登记；传媒机构是否将其拥有的所有无形资产登记在账，是否做到账物相符、账证相符等；要审查传媒无形资产的使用年限和摊销额，以及确定适用年限和摊销方法的依据和方法是否合理；还要考察传媒机构内部无形资产的管理制度和无形资产的保护情况。

无形资产审计将促进无形资产管理正规化、经济效益核算科学合理化，正确反映传媒产业无形资产的数量和价值、投资情况及使用无形资产创利情况等。

（三）保护无形资产所有者的合法权益

目前，很多传媒机构的无形资产保护意识不强，更不计价核算，传媒机构对无形资产的管理处于缺少状态，进而导致了很多传媒无形资产处于虚置废置状态，商标权、著作权等无形资产被侵占的现象也屡屡发生。利用无形资产审计手段，可以保护无形资产所有者的合法权益，促进传媒机构充分利用各种无形资产，减少无形资产的缺失和流失。同时，对无形资产进行审计，可以查出传媒机构在无形资产管理上的漏洞，帮助传媒机构改善对无形资产的管理。对于那些不是通过正当手段取得而是套取或窃取的无形资产，审计部门应依法给予制止。

二、传媒产业无形资产审计的原则

（一）客观性原则

审计人员在对传媒无形资产进行审计时，应该遵循客观性原则。传媒无形资产虽然没有实物状态，但是这种资源是客观存在的，并且有其独特的发展规律。因此，无形资产审计应注重整个无形资产及各个要素自身的客观规律和无形资产客观环境，以通过无形资产审计促进这种特殊要素在传媒机构经营活动中充分发挥作用。

（二）公正性原则

审计人员在无形资产审计过程中应依法进行审计，站在公正的立场上维护无形资产所有者、使用者的合法权益，对于侵犯无形资产所有者、使用者合法权益的行为予以纠正。

（三）综合性原则

一项传媒无形资产的形成和发展，往往会涉及多个传媒机构的部门和很多工作人员，而且无形资产的开发、运营、评估、保护等经营管理活动不仅会牵涉传媒机构的内部管理，还会涉及外部的市场经营，还会涉及艺术、文学、经济、法律、管理等多个学科领域的知识，所以在无形资产审计中，要综合考虑无形资产形成、经营与扩张的各种因素，提高无形资产的综合运用能力和各种效益。

（四）系统性原则

传媒无形资产的审计活动应该有规则、有顺序地展开，通过系统地考察无形资产的内外部环境、相关管理制度以及各具体要素的管理现状等，再给传媒机构提出建议，制定相关发展方案，有针对性地改善传媒机构无形资产的管理活动。

三、传媒产业无形资产审计的基本内容

（一）无形资产来源的审计

无形资产来源的审计主要是审查其物质来源、资金来源渠道是否正当，审查取得无形资产的性质及经济生命期限长短。

1. 无形资产物质来源的审计

真实性原则是无形资产物质来源审计要遵循的首要原则。对传媒无形资产的物质来源进行审计时，应该仔细核查传媒机构是否真实拥有无

形资产，有无假冒伪劣的情形；同时确定清楚无形资产的来源渠道，区分好哪些无形资产是传媒机构自行开发培育的，哪些无形资产自外部购入或股东入股投入的。

对于传媒机构外购的无形资产，首先，要对该无形资产的交易合同进行审查，看其交易手段是否合法。其次，要审查购入传媒无形资产的类别和性质，看其是属于知识型无形资产还是权利型无形资产。再次，还要审查购入的是无形资产的权益类型、注册地区、法定有效期限等。最后，还要审查外购无形资产的基本内容进行，以及审查有无关联交易。

2. 无形资产资金来源的审查

传媒机构自行开发无形资产的资金主要有自有资金或是银行贷款。而外购无形资产主要可以采取以下两种支付方式：第一，固定价格一次或分次付款；第二，浮动价格以提成方式支付。采用固定价格支付购买无形资产的资金可以是自有资金和银行贷款。采用浮动价格以提成方式支付的无形资产价款则应按照合同规定的计提标准、计提方式从使用该项无形资产所生产、传播的文化产品中提取支付。

对于股东投资入股的无形资产，由投资各方协商所投入无形资产折算价格和投资比例，并经有关资产评估机构评估确认其价值。对于股东投入的无形资产采取投资分利的办法，股东一般不再从传媒机构中收取无形资产转让费。审计中对其投资入股作价的审查主要是查阅投资协议和资产评估报告。

（二）无形资产价值的审计

作为传媒机构无形资产审计的重要内容之一，无形资产价值的审计对文化产品的成本核算和利润核算的真实性有重要影响，关系到资产及利润相关指标是否真实。无形资产的价值审查包括原始价值的审计、价值追加和减少的审计。

1. 无形资产原始价值的审计

无形资产原始价值的审计主要是指审查其原始价值是否真实、合理、合法。

（1）外购无形资产原始价值的审计。外购无形资产原始价值包括购入无形资产的价款、法律费用、保险费等。审计中如发现外购无形资产原始价值过于悬殊应查明原因，要严格审查其原始价值。

（2）内部自行开发的无形资产原始价值的审计。传媒机构内部开发的无形资产原始价值的审计是审查其原始成本是否科学合理。而内部开发的无形资产的原始成本主要包括：劳动工时费用、制图费用、辅助性材料费用及应分摊的其他费用。知识产权类的无形资产还应包括登记注册费。在审查过程中应注意查明：有无多列或少列无形资产的开发研制成本，有无人为地缩小或扩大无形资产原始价值等问题。

（3）股东投入无形资产原始价值的审计。股东投入无形资产原始价值的审计主要是审查对无形资产价值的评估及其所占股权比例是否合理。

2. 无形资产价值增减的审计

无形资产价值增减的审计主要是审查是否按规定计提“无形资产减值准备”，有无多提或少提，有无通过无形资产价值的变化调剂利润的现象。

（三）无形资产摊销的审计

摊销主要是为了弥补传媒无形资产转移到文化产品或服务中的损耗价值。无形资产摊销的审计包括审查无形资产的使用年限，摊销方法，摊销额的分摊、提取和使用等。

在对无形资产使用年限的审查中，应该查明确定无形资产使用年限的依据是否科学、合理和合法，账面使用年限与法定或合同所规定的年限是否一致，有无随意延长或缩短使用年限等人为调整的现象。

传媒无形资产的摊销方法主要有年限法，摊销方法一经确定不得随意修改。在摊销方法的审计中，应查明无形资产摊销方法的确定是否科学、无形资产使用过程中有无随意改变摊销方法以此调剂成本和利润的现象。

在无形资产摊销额审计中，应查明摊入管理费用的金额是否准确，有无少摊、不摊或多摊现象，无形资产原值减去摊销额是否等于其净值，摊入成本中的价值是否合理合法等。

（四）无形资产使用的审计

除了以上几个方面，无形资产的审计还要对无形资产的使用情况进行审计。使用审计主要是审查传媒机构在购入无形资产后是否充分利用该无形资产，经济效益和社会效益与原预测数据差距如何，有无购后闲置或利用程度很差的现象，传媒机构对于无形资产相关管理制度的执行情况如何，无形资产有无失密、被侵权的现象等。对无形资产进行使用审计，目的在于充分发挥无形资产的作用。

第八章　传媒产业无形资产的组织管理

第一节　传媒产业无形资产管理组织设计

传媒机构无形资产管理组织是传媒产业资产管理的重要基础，健全的无形资产管理组织是传媒产业资产管理系统有效运行中不可或缺的重要组成部分。为实现对传媒无形资产的有效管理和运行，需要设置既相互联系又相互独立，具有不同职能的管理组织，明确职责，分工协作，共同来完成对传媒无形资产的有效管理。传媒无形资产管理组织的合理设计，是加快传媒产业成长和发展的有效途径。在互联网时代的客观环境背景下，传媒机构的扩张主要来源于传媒机构所拥有的无形资产价值，无形资产管理对于传媒机构来说可谓意义重大。因此，保证传媒机构无形资产管理的有效运行，设置合理、健全的无形资产管理组织，已经成为传媒产业无形资产管理的客观需求和当务之急。

一、传媒产业无形资产管理组织的存在意义与任务

（一）设置传媒无形资产管理组织的必要性

1. 无形资产管理对传媒产业日益重要

全球经济一体化正在加速完成社会经济到知识经济时代的过渡，无形资产占总资产的比重已成为知识经济时代产业化的重要标准之一，也是评价产业发展潜力的重要指标。在以高新技术为代表的知识经济时代，网络技术和信息技术的发展带动了传媒产业的扩张。一来相较于农业经济和工业经济，知识经济是质的飞跃，其拥有更高的经济型形态；二来与其他产业性质不同，传媒产业无形资产拥有更丰富的内容，两者共同决定了以无形资产为代表的智力资产将会是传媒产业核心竞争力的

无限源泉，其决定了传媒产业价值的高低，关系到传媒产业的持续发展。所以，无形资产管理必将主宰处于知识经济时代的传媒产业的命脉。由于传媒产业无形资产的特殊性和极大丰富性，传媒产业对无形资产的投资日益增加，经济效益逐渐明显，竞争优势稳步增长，使得强化无形资产管理显得更加必要。

2. 传统的无形资产管理组织已经不能适应当前传媒机构发展的需求

由于无形资产种类繁多、性质复杂，不以实物形态存在于组织机构中，本就造成了传媒机构经营管理者对无形资产管理的忽视。且一项传媒无形资产从其设计、产生、完善、成熟、投资、经营到获益涉及内外部诸多方面的程序和环节。传媒机构中的大多数部门都与之挂钩，但是各部门各司其职，工作性质各异，造成没有一个单独设立的管理组织对传媒无形资产进行全面的监管和管理。此外，尽管同为无形资产，与一般机构表现出的商标权、著作权、商誉、专利权等具有不同具体形态的无形资产不同，传媒无形资产还包括其特有的直播网络、无线传输、栏目品牌、客户关系、人才库等内容，这些内容功能迥异，作用不同，管理要求也不尽相同，这更为无形资产的管理增加了难度。诸多原因导致传统的计划经济体制下的管理职能部门不能完成对无形资产的监管，显现出无形资产的重要价值。尤其是在以网络技术为代表的高新技术环境下，无形资产的管理对传媒产业越来越重要。必须摒弃传统的无形资产管理组织，重新分析、规划、设置独立和专业的传媒机构无形资产管理组织，对传媒无形资产进行全面系统的有效管理。

3. 合理恰当的无形资产管理组织能够有效提高传媒机构的管理效率和质量

无形资产管理组织的设置，需要契合传媒机构的管理模式、机构规模和运行方式。如果传媒无形资产管理组织的设置与传媒机构管理模式不符，就会导致机构的整体运转出现冲突，影响机构未来的发展前景。

传媒机构规模大小不一，内容丰富，如果不能设置合理的管理组织规模，则会出现组织机构臃肿或是组织难以胜任工作的现象。传媒机构的运行依赖于传媒无形资产的经营，合理的传媒无形资产管理组织必须适应和契合传媒机构的运行方式，才能提高管理效率和质量。无论是传媒机构无形资产管理组织内部管理职能的划分、岗位责任的分工、信息的加工传递，还是传媒无形资产管理模式的运用、管理幅度的设定及管理层次的区分，都会影响管理组织职能的发挥，是传媒机构高效有质量运行的根本保障。所以，传媒无形资产管理组织设置得适当与否，决定了传媒机构的价值和发展潜力。

4. 无形资产管理组织对传媒机构管理决策产生显著影响

传媒无形资产管理组织既是传媒机构无形资产管理活动的直接承担者，也是传媒机构无形资产管理活动决策的发言人。传媒无形资产管理组织会根据机构的具体情况进行具体分析，依照相关法律法规，综合考虑机构的自身情况做出的相应的管理决策。无形资产管理组织内部管理人员的能力素质和人员结构设置是传媒机构无形资产管理决策的关键影响因素。管理人员的受教育程度、所处的社会地位、周围的客观环境、拥有的社会阅历都会对他们看待问题的思维模式产生影响，进而对最终管理决策造成影响。

综上所述，设置专门的传媒无形资产管理组织是必要的。传媒机构可根据自身实际情况具体分析，建立合理恰当的传媒无形资产管理组织，在实践中不断探索和完善。

（二）传媒产业无形资产管理组织的主要任务

1. 依法贯彻国家法律法规，建立传媒机构无形资产规章制度

传媒无形资产管理组织应依法贯彻国家有关无形资产方面的法律规定，遵守相关内容，如《中华人民共和国商标法》《中华人民共和国专利法》等，并应当依据传媒机构无形资产的特有内容，结合传媒行业的

法律法规，制定适合本机构相关无形资产管理的规章制度。

2. 规划传媒机构无形资产的发展战略

传媒机构无形资产战略的规划要有助于实现传媒机构预期的无形资产目标，最终表现为传媒机构的市场竞争地位与竞争力的提升。传媒无形资产的发展战略要紧密围绕传媒机构的总体目标展开，以机构总战略为立足点，从机构整体性出发，来制订有利于本机构的无形资产战略计划。所以，传媒机构应根据自身的实际情况，结合机构的整体发展战略，规划传媒机构无形资产的发展战略，具体包括对传媒无形资产的战略要素进行规划，和将传媒无形资产的管理要素列入规划，如经营战略、开发战略以及投资战略等。

3. 做好传媒机构无形资产工作计划编制

传媒无形资产发展战略的规划是为传媒机构的无形资产管理提供整体思路，致力于完成传媒无形资产的数量目标和质量目标。因此，传媒无形资产管理战略的实施要求必须做好传媒无形资产的工作计划编制，例如传媒无形资产的开发、投资建设、形成、利用和保护等具体工作，传媒无形资产数量和种类，以及质量要求等，从细致入微的工作计划入手，来逐步实现传媒无形资产的发展战略。这是一个不断前进的过程。

4. 办理传媒机构无形资产相关法律事宜

传媒无形资产管理组织应当熟悉经济法律法规，承担办理传媒无形资产涉法事宜的工作职责。具体包括两方面的内容：一是取得传媒无形资产所有权的相关法律事宜，主要包括办理各种传媒无形资产知识产权在国内外的一系列手续；二是维护本单位无形资产的权益相关事项，包括日常费用缴纳、业务手续办理、无形资产权益侵犯事件调查和相关的无形资产法律诉讼的跟进等。

5. 做好传媒机构无形资产存量管理

做好传媒机构无形资产的计量、确认、评估等存量管理的事项，保证传媒机构无形资产的完整，保障传媒机构无形资产的安全，是传媒无形资产管理组织的一项重要任务。

6. 做好传媒机构无形资产的使用管理

传媒机构无形资产的使用管理具体有两个方面：一是机构内部的使用；二是传媒无形资产的转让、许可及投资合同的制定与实施。传媒无形资产管理组织要按照国家规定程序做好传媒无形资产的对外转让，许可使用合同和投资合同的订立、签订和执行，负责向有关部门办理申请或备案手续，并且承担监督合同双方的义务履行情况的职责，和相关的费用收缴、利润分配事宜。

7. 监控市场， 收集传媒机构无形资产的信息

外部环境会影响传媒无形资产的管理和使用，因此，传媒无形资产管理组织应该监控市场客观环境的变化，以及其他相关产业的行业动态，搜集对本机构有价值的无形资产情报，及时根据环境的变化对本机构的无形资产战略做出适当的调整，在最短时间内合理地维护自身机构的合法权益，以保证无形资产的使用。

8. 对传媒无形资产制度和计划执行情况的考核

传媒无形资产制度和计划的制定是为保障无形资产的有效管理和合理使用，人员的遵守和执行情况是其重要表现。所以，监督传媒无形资产制度的落实情况，监测传媒无形资产计划的执行情况，优胜劣汰、奖惩分明，是传媒无形资产管理的推进剂。

9. 建立传媒无形资产管理信息系统

传媒无形资产种类繁多，实施程序复杂，为全面反映传媒无形资产的动态和静态指标状况，无形资产管理组织作为无形资产开发使用的直接参与者，应全面记录传媒无形资产的数量和质量，建立无形资产管理信息系统，方便准确地记录无形资产的各项情况。此外，传媒无形资产管理组织还要做好档案管理工作，保证无形资产的相关材料和证书的存储安全。

二、无形资产管理组织设计的具体设计

(一) 传媒无形资产管理组织设计的原则

1. 任务目标原则

传媒无形资产管理组织的设计要坚持为完成传媒无形资产管理目标服务，为传媒无形资产管理任务的实现创造有利条件，秉承一切为了任务目标的宗旨。

2. 专业分工与协作原则

传媒无形资产管理与单位内部很多部门业务关联，需要相互帮衬，所以，传媒无形资产管理组织的设计要体现与其他部门间分工协作的关系。处理好与其他部门之间的关系是组织任务顺利执行的关键。

3. 统一指挥原则

传媒无形资产管理组织的设计要以本机构总发展战略为指导，坚持本机构的发展总体方针，遵循负责人统一指挥的原则，以保证顺利完成工作。

4. 控制管理幅度原则

传媒无形资产管理组织的管理幅度过大，管理工作不易开展，影响管理效率；管理幅度过小，组织作用难以得到有效发挥。因此，关于传媒无形资产管理部门的职权设计要有一个恰当合理的管理幅度。

5. 权责一致原则

单位内部任何部门既然担任管理责任，就应当享受相应的权利。权利是责任有效完成的保证，拥有对等的权利，才能顺利进行工作。所以，传媒无形资产管理组织的设计要实现权责一致。

6. 集权与分权均衡原则

传媒无形资产管理组织的设计要集权与分权相结合。过分集权不利于调动员工工作主动性，使得组织缺乏灵活性且阻碍信息的沟通交流；

过分分权可能导致权力滥用，组织不稳定。在传媒无形资产管理组织设计的时候，要合理分权，保障集权与分权的平衡，在提高工作效率的同时又防止独断专权。

7. 有效协调原则

设置传媒无形资产管理组织时，如果不能有效协调各部门之间的关系，在组织方案执行后，就会无法完成各部门间相互沟通、相互监督，组织效率低下，严重时会影响组织的收益。

8. 特殊性原则

每个传媒单位都存在其特殊性，无论其所处的客观环境，还是组织的生命周期等，都有其独特的自身特点。这就需要结合本单位自身实际情况，建立相符合的传媒无形资产管理组织。

（二）传媒无形资产管理组织设计的程序

传媒无形资产管理组织设计是一个动态的工作过程，包含众多的工作内容。科学地进行组织设计，并有步骤地开展，才能取得良好的效果。传媒无形资产管理组织的设计可能有三种情况：第一，新建的机构需要进行组织结构设计；第二，原有组织结构出现较大的问题或机构的目标发生变化，原有组织结构需要进行重新评价和设计；第三，组织结构需要进行局部的调整和完善。但无论哪种情况，组织设计程序基本一致。

1. 制定传媒无形资产管理组织设计的战略方针和主要原则

进行传媒无形资产管理组织设计的首要任务是明确本单位的总体发展战略，依照总体方针，考虑机构环境，设计管理组织的基本方针和主要原则，确定管理组织的设计方向。诸如传媒无形资产管理组织的规模等。以上这些是后续工作有序开展的重要前提。

2. 分解工作任务和设立工作岗位

明确传媒无形资产管理组织的战略方针和主要原则后，需将总体任务分解到各个单位部门，每个单位负责什么具体工作，需要完成什么具体目标，为完成该任务需要哪些岗位来支持，在传媒无形资产管理组织中充当关键性角色还是辅助性角色等。

3. 设计传媒无形资产管理组织框架

明确传媒无形资产管理任务需要分解到哪些职能部门和工作岗位后，就要对传媒无形资产管理组织的架构进行设计。传媒无形资产管理组织结构架构主要有直线制、直线职能制、事业部制、矩阵制和网络式等。设计传媒无形资产管理组织结构框架的方法主要有两种：一是自上而下式，二是自下而上式。无论哪一种方法，都应划分出相应的管理层次，设置合理的管理幅度，设计具体的职能部门以及确定工作岗位和职务。

4. 规范管理操作流程

设计管理操作流程是将各个职能部门联结成有机整体的有效规范手段，也是在明确传媒无形资产管理组织架构后的一项重要任务。这个环节需要进一步设计各个部门之间的信息传递方式、沟通协调方式以及各项事宜的操作规范，使得传媒无形资产管理工作能够有条不紊地运行。

5. 配置管理人员

在完成传媒无形资产管理组织的组织框架、管理流程以及操作规范设计以后，需要配置相应的管理人员到实际的岗位中去完成工作职责。所以，管理人员的能力素质是否符合要求决定了各个管理层次、职能部门和具体工作岗位的正常运转的效率。因此，配置合适的管理人员入岗是也是十分重要的。

6. 设计管理制度

有相应的管理人员完成具体的工作目标和任务，自然要遵守组织内部的管理制度。制定传媒无形资产管理制度是传媒无形资产管理组织有效运行的前提保障。因此，必须有一套合理公正的规章制度来规范管理人员的行为，包括公平的考核机制和有效的激励体制等，以保证管理人员的工作积极性，实现传媒无形资产管理任务目标。

（三）传媒产业无形资产的管理模式

在每一家独立的传媒机构中，传媒无形资产管理模式大致分为两种：集中管理制和分散管理制。

1. 集中管理制

集中管理制的特点是保障传媒无形资产在开发、使用、转让等程序中运转畅通。实行集中管理制的传媒机构，能够最大程度地保护无形资产的权益和机构的整体利益。其运转按照统一的传媒无形资产产权政策，表现为传媒无形资产产权的授权管理方式。实行集中管理制的传媒无形资产组织一般都是垂直接受机构一把手管理，与技术部和经营部两个部门一起构成机构的核心部门。

2. 分散管理制

分散管理制的特点是充分授权。实行分散管理制的传媒机构，无形资产归所在部门管理。主要针对各研究所和委员会的专利申请数量事宜。当专利权申请成功后，后续关于无形资产的运用、谈判等一切工作均由传媒无形资产所在部门管理。

（四）传媒无形资产管理组织的人员配置

传媒无形资产管理人员是无形资产管理部门的直接参与者，为了保证传媒无形资产管理工作的有序开展，必须配置合理的无形资产管理人员，管理具体的无形资产战略、实施、统计等工作。

1. 传媒无形资产管理人员岗位设置

传媒机构无形资产管理人员的设置，应经由机构领导审批，由人力资源部门管辖，依照人力资源岗位编制计划和传媒无形资产管理部门的业务情况，根据传媒无形资产管理部门的具体职责做出岗位设置方案，做到人岗匹配、责权一致。方案应当由传媒无形资产部门领导审批通过，报备企业总裁、董事会审核同意，才能计划实施。

2. 传媒无形资产管理人员构成

传媒机构无形资产管理组织包含不同管理阶层，不同管理阶层应配置不同能力水平的管理人员。此外，传媒无形资产管理工作涉及面丰富，是一项涉及财务、法律、市场等的综合性工作。这要求传媒无形资产管理人员的构成要包括各个部门的高级管理人员，拥有丰富的经验和广阔的知识面。其他基层管理职员也应具备过硬的无形资产管理知识。传媒机构无形资产管理工作实务性和专业性很强，从事传媒无形资产管理人员应具备的能力素质水平很高。即便如此，在实践中仍会出现一些罕见、无法解决的情况，必要时可聘请外部专家作为顾问。

3. 传媒无形资产管理人员的素质要求

（1）熟悉相关法律法规。传媒无形资产管理工作涉及财务、金融、传播等多个领域的知识，自无形资产成为机构管理的一项重要财富以来，我国制定了许多关于无形资产管理方面的法律法规，为保证传媒无形资产管理工作的合法展开，管理人员必须具备系统的相关法律知识。

（2）具备丰富的实践管理经验。知识经济时代的技术水平越来越科学专业，所需的管理人员能力水平越来越高。无论身处哪个机构环境，如果没有丰富的实践管理经验，都很难胜任管理工作。传媒无形资产管理是当今传媒机构核心竞争力的源泉，因此，传媒无形资产管理人员应具备扎实的学科理论知识基础和丰富的无形资产实践管理经验。

（3）具备较强的组织协调能力。传媒无形资产管理是一项综合性管理工作，涉及各个单位部门的工作，具备较强的组织协调能力是传媒无形资产管理人员顺利开展无形资产管理工作的基础。在此基础下，传媒无形资产管理组织才能与各部门一起共同完成任务目标。

（4）具备敏捷的洞察力和分析能力。传媒无形资产管理工作是一项动态工作，具有很强的活跃性，在科学技术快速发展的知识经济时代，无形资产在传媒机构中有着很强的不确定性，因此，要求传媒无形资产管理人员具备敏锐的洞察力和分析能力，能够在变化莫测的市场中发现问题、抓住要点、开拓创新，最大化无形资产在传媒机构中的价值。

（5）熟悉传媒无形资产管理工作。每项工作都有自身的规律可循，传媒无形资产管理的工作同样如此。从事传媒无形资产管理工作的人员应当熟悉无形资产管理领域的工作体系和运行规律，全面掌握无形资产管理事务的方方面面。

第二节　传媒产业无形资产管理制度设计

在知识经济时代，传媒无形资产是传媒产业核心竞争力的源泉，传媒无形资产管理制度是保证传媒无形资产有效管理的必要前提。因此，建立健全完善的传媒无形资产管理制度势在必行。

一、传媒产业无形资产管理制度的设计原则

（一）适应性原则

每个机构的生存发展都会受到外部环境的一定制约。传媒机构所处的政治环境、经济环境、文化环境和法律环境等也都影响着它的发展。传媒无形资产管理制度的设计要充分考虑机构的外部环境，包括我国的经济发展趋势变化和国际上的动态。管理制度要适应外部环境的变化和机构内部环境的改变。在变化的环境中及时调整无形资产的管理方式，以适应宏观大局，这才是无形资产管理制度的生存方式。

（二）合法性原则

传媒无形资产的管理制度的设计必须以国际、国内的法律法规为依据，保障管理制度的合法性，这既是无形资产管理工作正规运行的基本要求，也是保护传媒无形资产的一种有效方式和手段。

（三）系统性原则

传媒无形资产管理制度是统筹各个部门、各岗位人员的一个具有整体性和综合性的行为准则，是依照机构的整体管理需求设计的。设计传媒无形资产管理制度时必须遵守系统性原则，既要保证系统内各个部门和岗位的工作任务相互联系，又要相互制衡，以保证无形资产管理组织在履行其职责的同时能够协调好各部门之间的相互联系，共同完成任务目标。

（四）信息化原则

有效的信息传递是传媒无形资产管理制度设计的重要原则之一。管理工作的有序进行与信息传递的效率和质量密切相关。准确通畅的信息传递、及时有效的信息处理和反馈，既是信息资源充分利用的体现，也是管理过程推进的重要反馈。因此，传媒无形资产管理制度的设计要遵循信息化原则。

（五）特殊性原则

传媒无形资产管理制度设计的特殊性原则是指机构的无形资产管理制度的构建要与机构的自身特点相结合，每个机构的运行都有其与众不同的规律可循，这就要求设计无形资产的管理制度时要考虑传媒机构的运行环境、管理规模以及管理模式等自身实际情况，设计出符合本传媒机构的无形资产管理制度。

（六）科学性原则

科学性原则要求传媒无形资产管理制度的设计要遵循传媒无形资产

管理规律，运用管理原理设计出合理的传媒无形资产管理流程，在不失其先进性的同时，也要能够不断完善。

二、传媒产业无形资产管理制度的内容

传媒无形资产管理制度具体来说就是传媒无形资产管理组织对传媒无形资产管理权限职责、利益的安排及相互关系的控制准则。传媒无形资产管理体制的核心是管理组织的设置、职权的分配和部门间的相互协调。它的恰当与否直接影响到传媒无形资产管理的效率和质量。传媒无形资产管理制度中应包括如下规定。

（一）传媒无形资产管理组织在传媒组织中的地位

传媒无形资产管理组织应当在传媒组织中是一个相对独立的组织部门，专门负责管理传媒无形资产的事务工作。虽然现实中仍有传媒组织未单设部门来承担传媒无形资产管理工作，但随着时代的发展，独立的传媒无形资产管理组织迟早会在传媒机构中占有一席之地。

1. 传媒无形资产管理组织的职责

传媒无形资产管理的制度要明确指出无形资产管理组织的职责所在，以便组织人员能够更准确地完成工作任务。

2. 传媒无形资产管理组织的权利

传媒无形资产管理制度要按照权责对等的原则规定传媒无形资产管理组织的权利，保证传媒无形资产管理工作能够顺利进行。

3. 传媒无形资产管理组织的人员构成

传媒无形资产管理人员的组成方式和数量要与管理体制相适应，要按照组织结构配置合理的人员，独立的岗位有专人负责，关联紧密的岗位可由其他部门人员兼任。

4. 传媒无形资产管理组织的管理方式准则

管理方式准则是指以怎样的管理手段和方法来实现组织的管理任

务。传媒无形资产管理制度中应指出管理准则，有效制约管理人员的一些不当行为。

5. 传媒无形资产管理组织与其他部门和组织间相互协调的流程和原则

组织内部之间的相互沟通是必不可少的，因此，在传媒无形资产管理制度中，要对本组织和其他部门之间的沟通协调程序做出相应规定，以免出现冲突。

（二）传媒无形资产具体管理制度

传媒无形资产具体管理制度是传媒无形资产管理制度的核心关键，全面、合理、可操作的具体管理制度是指导各个无形资产管理环节的重要准则。具体的管理制度包括无形资产管理制度、无形资产运营制度、无形资产保护制度和无形资产财务管理制度。

1. 无形资产管理制度

传媒无形资产管理制度包括宏观层面的传媒无形资产战略管理制度和微观层面的传媒无形资产实物管理制度。宏观层面有传媒无形资产战略管理制度，主要包括传媒无形资产战略考核制度和战略制定制度等；微观层面有传媒无形资产实物管理制度，包括传媒无形资产的使用制度、转让制度、存量管理制度以及传媒无形资产的清查等。

2. 无形资产运营制度

传媒无形资产运营是指传媒机构对自身拥有的各类无形资产的使用进行运筹和规划、通过融资和对外投资等活动使其合理流动，实现价值的最大化。其运行不仅涉及机构经营管理的内容，还包含资产运营的科学。通过构建合理的传媒无形资产运营制度，对传媒无形资产运行进行有效的监督和控制，以保证传媒无形资产资源能够得到充分利用。传媒无形资产运营制度主要内容包括传媒无形资产经营原则、经营方式和经营战略等。

3. 无形资产评估制度

传媒无形资产评估的目的是考核各项传媒无形资产是否得到有效的利用和配置。建立健全的传媒无形资产评估制度，及时对传媒无形资产的投入使用情况、创收情况、开发和培育情况等进行分析对比，找出实际与计划之间的差距，从而尽快调整现状，以期完成既定目标。健全的传媒无形资产评估制度还应配套合理的奖惩机制和激励机制。

4. 无形资产保护制度

传媒无形资产对机构的作用日益增强。保护传媒无形资产也成为传媒无形资产管理的一个重要任务。传媒无形资产保护是保证传媒无形资产资源利益不受侵害的行为。在建立传媒无形资产保护制度时，应对其保护程序、方法和原则进行明确规定。

5. 无形资产财务管理制度

传媒无形资产财务管理制度具体又分成传媒无形资产核算制度、传媒无形资产统计制度和传媒无形资产审计制度。传媒无形资产核算制度包括对传媒无形资产的取得、摊销、转让等经济活动的确认、计量、记录和报告制度；传媒无形资产统计制度是对传媒无形资产的统计方法、统计指标和统计操作形式做出具体规定；传媒无形资产审计制度则是对涉及传媒无形资产相关经济活动的会计资料进行审核的审计对象、审计方式、审计程序和审计内容进行明确规定。

三、传媒产业无形资产管理制度的设计程序

传媒无形资产管理制度的设计程序为提出制定要求—确定设计方案—开展调查研究—实施具体设计，制定制度草案—修改和审批—试定行—正式运行。

（一）提出制定要求

整个传媒产业提出传媒机构无形资产管理的宏观需求后，设计传媒

无形资产管理制度，首先要由有关部门人员依据本机构客观情况做出提案，提出制定需求，经由上级审批后开始计划实施。

（二）确定设计方案

在上级部门审批成功后，就应当确定传媒无形资产管理制度的设计方案。设计方法分为多种，按照设计的内容可分为全面设计、补充设计和修订设计三类；按照设计工作的组织形式可分为单独设计、共同设计和会议设计三种。无论是哪种设计方案，都有其优劣，传媒机构应当根据自身的实际情况选择恰当的设计方案，适合的传媒无形资产设计方案可提高管理制度的设计效率，节省成本。

（三）开展调查研究

确定设计方案后，应当对传媒无形资产的日常管理业务有一个全面、基础的认识，从而有利于更深入地开展具体调查内容的研究。一般调查方式采用问卷法或者访谈法，调查内容一般包括传媒机构概况和传媒无形资产具体管理业务。

传媒机构概况包括机构性质、机构规模、机构组织架构和部门权责分工情况、机构的经营战略、经营状况以及人员能力水平等基础性情况，此外，还包括传媒无形资产的管理制度、组织设置和现状等情况。传媒无形资产具体管理业务主要是有关传媒无形资产的投资、经营、确定、计量、摊销、记录和报告等信息。

（四）实施具体设计，制定制度草案

在对传媒机构无形资产管理业务有了一个全面的了解后，就可以开展具体的设计工作。这就需要成立专门的课题组，依据制定需求拟定设计原则、设计流程、具体实施操作步骤并进行整合调整，拟定出制度草案。

（五）修改和审批

制度草案一经提出，应广泛征求相关各部门和相关人员的意见，成立相关委员会，经委员会讨论研究，保留可采用的提议，剔除无用的建议，在原有的基础上进行修改和完善，提交给上级部门审查。

（六）试运行

若上级部门予以审批，则可进行试运行。在实际检验中发现问题并予以修正，以保证管理制度的合理可行。这是防止实际运行有误的一个必要的检查环节。

（七）正式运行

经过试运行的完善后，形成正式的明文规定，则可将传媒无形资产管理制度正式应用在传媒机构的无形资产管理工作中。外部环境的不稳定会影响传媒无形资产管理的工作运行，因此，即便正式运行后，也要定期进行评估反馈，及时调整制度方针。

第九章　广播传媒的无形资产管理探索

第一节 广播传媒的无形资产管理现状

传统大众媒体的影响力与广告收入正呈现总体衰减。然而，从品牌在传统媒体的刊例花费来看，在其他所有传统媒体广告均现负增长时，广播却实现了总体正增长，艰苦但有效地应对了新媒体来势汹汹的威胁和挑战。传媒界、受众与品牌商开始重视声音的力量，广播从业者也花了更多精力研究内容策略、分发渠道、主持人的网红影响力及不硬销的原生广告变现能力。这一切举措都与深挖无形资产的有形价值有关。按照无形资产管理的适度超前原则，广播传媒的无形资产管理已率先在以下几个领域发力。

一、版权资产管理现状

广播业是典型的文化产业，无论从数量上看，还是从质量上看，版权资产都是广播传媒的核心无形资产。长期以来，受国家知识产权保护整体水平的影响，版权问题并未受到我国广电行业的关注。近年来，随着我国知识产权保护水平的快速提升，广播行业已经意识到版权资产管理对于其生存发展意义重大。中央人民广播电台在全国广播行业率先开展版权资产管理工作，于 2008 年成立了节目版权资源管理处，并同时启动了媒资系统和版权管理系统建设工作，还牵头成立广播版权行业组织——中国广播电视协会广播版权委员会。此后，北京、上海、江苏、湖南、安徽、湖北、辽宁等地方广电媒体纷纷加强版权管理，将版权提高到全台战略的高度。虽然我国广播行业版权资产管理工作起步较晚，但发展很快，很多广播机构在版权资产管理方面做出了大量有益的探索，取得了很多扎实的成果，为实现流畅的全媒体版权运营奠定了坚实的基础。目前，国内部分广播机构已经基本建成了版权资产管理的两大基础系统——媒资系统和版权信息系统。媒资系统解决了节目内容的存储和海量信息编目处理的问题，版权信息系统解决了版权信息数据、版权法律文书与节目内容的关联问题。另外，广播行业的版权确权与版权维权工作也逐步展开，中央人民广播电台也适时修订了包括《中央人民广播电台版权管理规定》在内的一系列配套管理办法。

我国广播行业版权资产管理工作虽然发展快速，但仍有很大的提升空间。大多数广播电台都尚未从战略的高度对版权问题进行全局统筹，导致在版权生产、管理、利用、经营和开发上面临诸多体制机制的障碍。例如，很多广播电台在版权确权与版权开发这两个环节存在脱节，没有全局统筹，漫无目的地进行版权确权，把有限的确权经费用在市场价值不大的地方，造成资金的浪费。再如，目前广播电台很难精准地找到自由传播与版权保护的最佳平衡点，对于在个案中该不该维权、维权到什么程度无所适从。总之，版权生产、版权管理、版权利用、版权开发的产业链有待理顺。

二、商标资产管理现状

近几年，我国各级广播机构商标注册的数量有了较大的提升，中央人民广播电台至今已累计申请注册商标 333 个，中国国际广播电台至今已累计申请注册商标 217 个，北京人民广播电台至今已累计申请注册商标 648 个。商标注册的相关程序通常由各单位法务部门负责，对于商标资产的管理与利用，各广播机构几乎没有统一的部门。目前，我国广播行业商标资产管理存在的主要问题有：第一，商标的注册、使用、管理相互割裂，缺乏统筹协调，没有明确的牵头负责部门；第二，注册的商标数量过多，而且选择的商品（服务）类别非常分散，存在“为了注册商标而注册商标”的现象，从而导致大量的商标闲置，造成资源的严重浪费。

三、专利资产管理现状

我国广播媒体的工作主要集中于节目的制作播出，纯粹的技术研发并不是很多，因此，各级广播媒体享有的专利资产数量相对较少。截至目前，全国的广播电台（不含广播电视台）共有 43 项专利，其中，中央人民广播电台有“网间音频文件多倍速安全传输方法及系统”和“网间文件安全发送、接收方法及装置”两项发明专利，“利用广播报时信息实现精密同步的自动校时钟”一项实用新型专利。目前，我国广播机构的专利虽然有技术部门负责申请并管理，但是专利资产系统化的开发、利用和管理却几乎处于空白状态。

四、域名资产管理现状

近年来，我国较大的广播机构都逐渐认识到有意义、好记、便于识别的域名，对于提高机构的知名度、促进业务工作和经营活动都有积极的作用，因此，纷纷注册自己的网站域名。截至目前，中央人民广播电台注册了“cnr. cn”“minzuguangbo. cn”“hellotw. com”“cneb. gov. cn”等 19 个域名，中国国际广播电台注册了 38 个域名，北京人民广播电台注册了 11 个域名。目前，各广播机构的域名通常由其新媒体部门申请和管理，把域名作为一种重要的无形资产进行管理的单位还比较少见。

五、牌照资产管理现状

牌照就是特许经营权。目前，广电行业最核心的牌照资源当属国家广电总局发放的 7 张集成播控和 14 张内容服务牌照。集成播控的牌照持有者分别是 CNTV、百视通、华数、南方传媒、湖南电视台（芒果

TV)、中国国际广播电台(CIBN)、中央人民广播电台。14 张内容服务牌照除了上述 7 家集成牌照机构已经申请，还包括单纯的内容服务牌照商 7 家，分别是电影卫星频道节目制作中心、城市联合电视台 CUTV、北京台、云南台、山东台、湖北台、江苏台、重庆台。这些牌照资源具有极强的稀缺性、不可转让性，是持有方的“重器”，牌照资产通常由各单位最高决策层统一管理。

六、品牌标识资产管理现状

近年来，越来越多的广播机构认识到品牌标识的重要意义，纷纷完善自己以台标为核心的品牌标识体系。中央人民广播电台于 2010 年发布了新的品牌标识系统，力图借助统一的品牌定位，确立统一的发展战略，打造国家级主流全媒体。品牌标识通常由各广播机构的办公室管理，例如，中央人民广播电台的品牌标识就是由台办公室进行管理。目前，中央人民广播电台等主流广播机构的品牌标识管理，总体上达到了管理的预期目的。

事实上，包括广播行业在内的媒体无形资产相当丰富。对于媒体可交易的无形资产，业界认为主要包括广告、节目时段、专利、版权、特许经营权、商标等，基本都有了成熟的模式和对口的管理部门；而媒体尚未剥离，却又隐约觉得下一个盈利点是对这些无形资产要素的开发内容，主要包括品牌、网络数据库、域名、节目质量与创意、内部文化、关系网络、嘉宾库、观众群、创意人才等。从目前来看，现存法律体系对媒体可交易无形资产都进行了确认和保护，而尚未剥离的媒体无形资产的管理需立足于促使其向可交易的无形资产转化，从而更容易对其进行评估与运营。

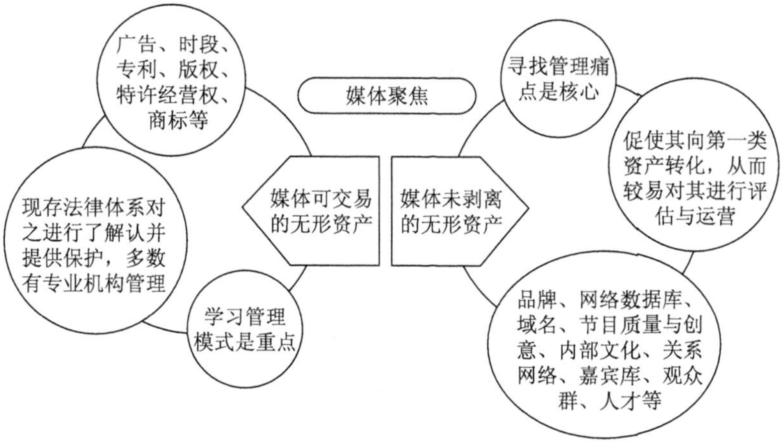

图 9-1　媒体无形资产类型的现行划分方法

第二节　广播传媒的无形资产管理经验

传统广播业一直没有停止拥抱新媒体、新用户，将品牌和有意思的活动巧妙地设计在一起更是将无形资产价值最大化的尝试。连续几年的春节期间，多家电台推出“喊红包”互动游戏，听众只要喊出自己的声音就能随机抽取一个红包。这种新玩法对年轻受众有不小的吸引力，中央人民广播电台曾在春节直播中，通过 6 次“喊红包”派发出 70 万个现金红包，吸引了 1770 余万人次互动，这些数字在以往通过单向广播传递信息是难以想象的。同时，在广播产业化的过程中，主持人作为核心竞争力的价值优势又被重新认可，以王牌主持人为主导的工作室运营管理模式已由点向面普及，基于“粉丝”和听众的社区建设与社群营销也初具规模。

纵观广播业同仁在无形资产管理领域的努力，大致可以分为以下三个阶段。

第一阶段：编目造册。多数广播机构采用事业体制下的粗放式管理模式，固定资产有物可循，但无形资产则一直被忽视，有多少资产并不清楚，甚至有多少价值也心中没数。第一阶段的管理工作通过数据化平台实现信息的汇总为无形资产管理的后续开发提供了保障，实现了可查阅、可借鉴的目的。

第二阶段：数据决策。经过多年、多部门的数字化努力，数据库分析模式已初步具备了历史数据比对的体量，加上新生数据的补充，第二阶段的管理工作强化了分析、预测功能，为智能决策铺路、练兵。

第三阶段：打造以无形资产为核心的创新流动平台。此时的无形资产管理流程趋于顺畅，机构内部不仅提供机制保障、资金扶持，也有成功案例与员工参与的积极性，第三阶段的管理工作增加了孵化职能，有数据、有项目、有生产力，管理人员拥有辨别、培育无形资产的眼光，大胆投入与开发，也具备了依托市场规律进行交换、交流、变现的良性环境。

以上三个阶段的任务目标不同，解决问题的手法与时长也不同，多数传媒机构停留于第二阶段无法向前，第三阶段也成为无形资产管理人员的终极梦想，它被视为媒体产业化管理的高级阶段。

当广播机构所拥有的无形资源被有意识地转化为无形资产，并通过合适的团队运营，其以创意内容生产为核心竞争力的传媒优势也具备了产业化基础，做好顶层设计、流程监督、价值评估的管理服务工作势在必行。

一、建章立制

广播传媒无形资产的管理首在立法立规。孟子云：“不以规矩，不能成方圆。”国家对无形资产有相应的法律法规，如对于特定类型无形资产的立法《中华人民共和国商标法》《中华人民共和国著作权法》等，也有在条文中涉及无形资产的相关法律法规，如《中华人民共和国公司法》中关于股东使用无形资产出资的规定等。

现代广播无形资产管理首先便要制定符合自己实际情况的无形资产管理制度，指引特定范围内的主体选择行为的内容及其方式。告知何者可为，何者应为，何者禁为，告知其可能行为的法律后果，从而对决策过程产生影响，进而影响人们的行为。

这种无形资产管理制度应该具有一定的特殊性与针对性。一方面，制度的本身应该全面而细化，可以有无形资产管理整体的制度，同时也可以有对相应的无形资产加以细化的规定，如配套一些针对特定无形资产的细化管理制度，将无形资产的管理渗透到工作中；另一方面，制度应该有所侧重，如广播主体的无形资产更多的是节目，相应的无形资产制度中更重要的部分应该是关于版权与人才方面的相关规定。

二、统筹管理

广播无形资产的管理重在统筹管理。无形资产涉及广播类主体中的多个部门，如战略部门、财务部门、业务部门、市场部门等，这就需要在无形资产管理上进行统筹规划。对于无形资产管理人员分散于各部门中的情况，则需要高层管理人员专项管理，其管理难度和管理效率都将面临考验。对于设置无形资产管理部门的情况，则主要是明确无形资产管理权责，如管理制度建设；引进、创作、投资、开发无形资产的规划、总量等；管理过程中涉及部门的协调；对内无形资产的登记备案、奖惩考核；对外无形资产的登记申请、开发谈判等。

无形资产的管理既是一个部门的管理，又不仅仅是一个部门的管理；既能由一个部门管理，又不能仅仅由一个部门来管理，这是由无形资产的特殊性决定的。在充分的授权后，广播无形资产管理部门才能发挥最大的效率。

三、全面管理

广播无形资产的管理需要进行全面管理，即单一无形资产从培育到开发的全周期管理。

以版权为例，版权资产作为无形资产的重要组成部分，更是广播主体无形资产的重要组成部分，由于版权的复杂性，其管理难度远远超过一般性的资产，成为制约广播主体发展的重要因素之一，因此需要采取以下措施进行全面管理。

1. 厘清权属

许多广播机构在发展过程中积累了庞大的节目资源，但大量资产普遍产权不清。由于在管理过程中对于版权资产没有清晰记录，对版权权属及介质没有建立台账，在日后清理过程中由于权属无证据、瑕疵或权属失效等原因，导致版权资产确权过程困难重重。

对于解决权属问题一方面是对旧有的版权资产进行确权，力争最大限度地确定部分价值更大的版权资产；另一方面则建立对新版权的管理体制，使新产生的版权资产权属清晰。即盘活存量、优化增量、合理运营，提升价值。

2. 鼓励创新

广播机构最有价值的资产就是可不断生产的版权资产，而这些版权则是由一个个创新主体创作出来的，因此，为创作主体营造一个自由、良好的创作环境无疑可以生产出更多的优秀作品。在提高广播主体知名度和影响力的同时可以产生更大的经济效益，产生的经济效益再进一步激励创作主体，从而进入一个良性循环。因此，在制度上有鼓励创新的规定，更要能够具体落实。对于职务作品，当然应该有正常的工资奖金进行保证，对于非职务作品，可以与创作者商定收益分配方案，并尽可能创造可市场化的条件，从而实现创作者与广播主体的“双赢”。

3. 经营开发

广播机构要提高版权运营能力，一方面是对自有的版权资产进行市场化推广，在市场中寻找更多的需求主体，另一方面是将产业链延展，在一些原创作品的版权后续衍生品上着力，以版权为核心延伸产业链，向中下游领域拓展，提高版权的附加值。探索以分账为特征的版权利益分配机制，进行全链条分账、降低运营成本、提高交易效率，实现交易的快速化。

4. 注重保护

广播机构对于无形资产的管理也包含重视无形资产的保护工作。在现有体制下，无形资产保护工作应该从多角度考虑。举例来说，广播机构策划一档新栏目，那么新栏目相关的方案应该作为商业秘密进行保护，涉及的相关人员需要尽到保密义务。方案形成后要进一步开展保护工作，比如一些具有创新性和独特性的名称可以申请注册商标进行保护，并为后期品牌推广和市场化打下法律基础；同时，视情况选择进行著作权登记。后期在栏目完成后合理授权，但面对侵权情况，比如对于版权的侵权、名称的抄袭，甚至产业链中出现衍生产品对于品牌产生影响，这些侵权情况均可通过协商、行政、司法不同渠道解决。广播机构在综合考虑财力、人力成本和赔偿的情况下，需要积极选择不同的方式维权，而这些都必须以前期保护工作为基础。

四、平台管理

有效的信息技术手段将大大提升管理效率，所以广播机构也着手借鉴先进经验实现不同程度和领域的数字化管理，其中，无形资产平台管理因为涉及众多要素，在落地过程中异常艰难。建设无形资产运营管理平台，国内外没有成熟的原型系统可供参照。但在无形资产学术研究领域，中国学者研发的无形资产价值评估模型和美国的罗伯特 卡普兰（Rober S. Kap Ian），大卫·诺顿（David P. Nortorn）的无形资产管理工具（拆分为财务、客户、内部业务流程、学习与业务成长五个垂直向量，并以平衡计分卡实现管理表示工具和变化数据统计）等研究成果，对无形资产的识别、无形资产运营价值评测、无形资产的管理系统建模有借鉴意义。

（1）系统平台开发步骤。无形资产运营管理平台开发方案分为三个实施阶段。

第一个阶段：实现企业存量无形资产的识别和数据存储管理。企业经过多年的发展，积累了大量无形资产，但企业到底有多少类型的无形资产，资产的专属性、多大存量，都分布在哪个部门，无形资产的来源情况、利用情况等，需要进行收集、统计、分析和建档，这个阶段的系统平台建设工作主要围绕企业无形资产的统计和资产形态分析需求开发资源数据库平台。

第二个阶段：实现企业无形资产的量化工具和无形资产图谱分析建模。要实现无形资产的信息化管理，纳入管理的资源对象必须是可量化和可以计算的内容实体。但无形资产从信息存储角度是一种不能加载的虚拟资源，如果单从资产的抽象形态无法进行数据化描述，需要利用系列量化工具，将无形资产构成要素转换为系统可存储管理的元数据，并在元数据项下完成资产属性描述，达成无形资产的数据图谱建模。这个阶段的系统平台建设工作主要围绕企业无形资产数据化需求开发量化工具和数据库系统的元数据。

第三个阶段：实现企业整体无形资产运营平台的搭建。企业无形资产运营平台集成ETL（Extraction-Transformation-Loading，即从企业内网业务平台和办公平台自动抽取、清洗、加载预定义的关联数据），内部资源动态管理（企业全局无形资产视图）、外部资源动态管理（行业竞争，国家政策、相关法律法规等大数据视图）、营收管理（部门无形资产、企业全局无形资产的业务收入、边际收益分析等）、生命周期管理（无形资产利用率监测、运营价值发现和预测）、决策支持等模块。这个阶段的系统平台建设由于需求明确，可以整体完成开发和应用交付。

（2）系统平台实施效果。无形资产运营管理平台的开发和部署，是利用信息技术实现无形资产数据化、网络化、参数化、智能化管理的一个全新尝试，对媒体企业及其他企业充分利用存量无形资产的边际价值，在日趋复杂多变的激烈竞争市场环境生存和发展提供了一个平台样本。媒体资产运营管理平台对企业运营资源和要素达成了数据化采集、监测、适时营收管理和动态分析，通过人机界面输入变量参数、系统数据分析模型输出不同维度的报表，实现了企业多元化业务、管理的决策支持。

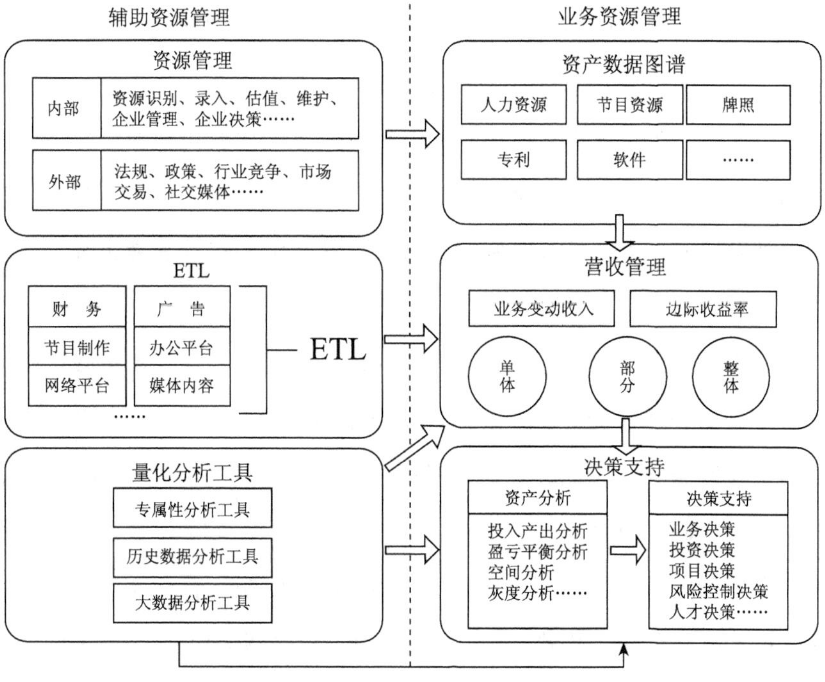

图 9-2　媒体机构无形资产运营平台逻辑结构

媒体资产运营管理平台的开发目前还只是起步阶段，未来，随着对无形资产信息化认识的不断深入，以及系统运行后内外部数据海量化，系统建设将利用大数据技术实现企业无形资产运营亮点、热点发现和趋势预测。

五、个案管理

广播业正处于变革、融合、发展的关键时刻，面临着来自传媒产业内部、外部以及整个产业链的挑战。从整个传媒产业来看，广播业在传媒的“寒冬”虽然稳住了脚步，但仍没有摆脱冲击，仍有诸多因素制约着广播产业的发展：第一，广播广告的总体收入虽然保持稳定，但仍然与已大幅度下降的电视广告收益相去甚远；第二，广播业对广告的严重依赖，压缩了其盈利空间与收益规模，产业体制更需进一步转型升级。

业内提出的实践性较强的破局方法均与无形资产运营有关，如坚持内容为王，树立全方位的品牌意识，要有将节目内容转化为市场效益的意识，如对产业链上游生产企业、产业链相关基础设施企业、产业链外不同交叉行业的产业价值更进一步的开拓和挖掘。在广播媒体的无形资产管理实践中，关注同行案例的发展，总结其中的经验与教训同样意义重大。

中央人民广播电台一直是中国广播产业的标杆，在营销模式的探索上有过许多先锋性的尝试，媒体融合也作为“台长工程”，按照“新型广播融合发展”的思路，积极建设以声音为特色的“广播+互联网”的新型广播，同时以“中国广播云平台”为技术支撑探索建立适应媒体融合发展的体制、机制，通过自身流程再造和资源配置，项目带动，产品先行，机制创新，构建国际一流的全媒体传播机构。中央人民广播电台通过对频率存量资源进行整合调整，形成新闻板块、财经板块、文艺板块和区域服务板块，探索京津冀区域广播等新的增长点，增强国家电台的综合影响力，并进一步夯实了央广“中央厨房”的建设。在加快融合型节目体系建设、制播体系建设、传播体系建设、服务体系建设、经营体系建设、运行机制建设以及人才队伍建设，努力提升其作为国家电台的影响力、公信度、权威性，并于2015年下半年推出了《中央人民广播电台无形资产管理办法（暂行）》，成为中国广播业首批关注无形资产管理与开发的传媒机构之一。

伴随着产业板块的发展，中央人民广播电台提出了更高层次的管控需求，如何“构架现代传媒集团管理机制，探索更科学的涵盖财务、人力资源管控在内的公司管控模式，延伸产业发展主线”成为台内管理层面临的新课题。通过引入“无形资产规划、管理与开发”理念转变管理思路，实现“事业扶持产业，产业反哺事业”的目标，是中央人民广播电台在事业、产业协调发展方向上的一大有益尝试。

1. 中央人民广播电台无形资产管理现状

中央人民广播电台数字化转型已基本完成，接下来的互联网化势在必行。传统媒体的互联网化涉及媒体定位、传播理念、运营机制、要素配置等诸多方面的变革和重组。对于中央人民广播电台这种以轻资产为特征的传媒机构来说，版权、商标、品牌、技术等无形资产要素归口比较清晰，基础的汇总管理工作均已初具规模，虽尚未进行开发规划，但足以支撑起无形资产运营的初期尝试。因此，中央人民广播电台通过颁布相应的无形资产管理办法，采用不同部门事务专员的协同工作机制，在明确的无形资产要素中，优先管理包括但不限于牌照、商标、专利、品牌标识、网址、域名、节目版权资产、数据资产、系统平台、软件著作权、各类工作室、主题活动等重点科目。

2. 中央人民广播电台无形资产管理的核心难题与办法

中央人民广播电台的无形资产管理工作归口于资产管理中心，由规划处负责具体实施。根据沙漏式管理模型，规划处已将台内无形资产列目举行了初步分级、授权管理、统一开发，并面向全台员工开放无形资产申报权限。在后续服务上，具有开发条件、进入开发序列的项目可分流至事业或产业，进入不同的保护与开发模式，从而实现、兑现无形资产管理价值。具有开发价值的无形资产将流入央广传媒发展总公司，对接市场，资本运营；需要评估入账的无形资产将流入财务管理中心，力求保值增值。

中央人民广播电台的无形资产管理目标定位于让信息价值有效流动起来，通过“对内应用+对外开发”两个层面，为组织发展搭建起资源库和数据库，打通事业产业经营壁垒。但在落实层面遇到的具体问题也很尖锐，比如在属于文化事业无形资产的保护中，流程设计、咨询服务、培养无形资产管理的新观念等都与现行工作机制紧密相连；比如在属于文化产业无形资产的开发中，与台属产业机构的无形资产对接、包装、运营、产业链切入和专业团队管理，都是从头开始，摸着石头过河。

最终，中央人民广播电台采用“大胆设想，小步尝试”的推进原则，由资产管理中心规划处完善无形资产信息管理系统，全面反映无形资产的数量与质量，向全台和各公司提供无形资产业务咨询服务；并预计设置文化创业基金，孵化文化创意项目，建立培训、奖励机制，为业务部门和公司共同研发文化产业项目提供有益经验。

3. 中央人民广播电台无形资产管理平台

该平台由深圳市智骏数据科技有限公司承建，是一个使用便捷、目标清晰的管理分析型平台，目前已上线试运行。遵循可靠性、稳定性、兼容性、友好性、可扩展、可复用等基本原则，其实现了管理要素的清晰分类与拓展兼容、无形资产项目根据热词指标的开发价值排序、无形资产数据及主要贡献者分析、无形资产可分享数据的移动端查询等功能。

图 9-3　中央台无形资产管理平台

平台上线后的 1～2 年，资产管理中心将优先发挥其无形资产信息采集和战略布局产业开发的桥梁对接作用，实现以人为核心的无形资产孵化与开发，力争把因管理而掌握的信息开放和分享出来，成为媒体创造力提升的重要一环。

第三节　广播传媒的无形资产管理开发趋势

传媒产业是知识和智慧密集型产业，无形资产运营是传媒在整个经营活动中极其重要的组成部分。知识经济的到来使传媒产业无形资产占全部资本的比例越来越大，经济全球化加速了无形资产在全球的扩张。中国广播业的无形资产管理也不例外，它必将符合传媒产业的发展规律，也将顺应无形资产管理开发的产品生命周期与发展大趋势。

一、顺应潮流，面对新经济

随着新媒体的蓬勃发展和传统经济与知识经济的急剧变化，广告收入作为传统广播包括其他传统媒体的主要产业支撑的局面，正一日千里地发生着巨大变化。根据 CTR 媒介智讯《2017 年中国广告市场回顾》的数据显示，2017 年全球经济回暖，广告作为经济的晴雨表，表现显著，其中传统广告市场增长 0.2%，电视广告从 2016 年下降 3.7%逆转为 2017 年增长 1.7%，广播广告在 2015 年下降探底后，2017 年增长 6.9%。2017 年，中国整体广告市场在两年连降之后增长 4.3%。尽管这组数据让传统媒体人欣喜，但是互联网促进媒体新旧演变，强化网络终端客户的便捷体验，使广告主在媒介选择上更加自由，更加分散也是不争的事实。因此，有业界专家猜测，未来中国广电产业包括广播传媒依靠广告收入支撑的时代即将终结，可喜的是，广告市场的回暖为包括广播媒体在内的传统媒体又争取到了些许宝贵的转型时间。

时至今日，一些发达国家广电产业经济收入已经主要依靠执照费（订阅费）和多种资金来源来实现，其中，执照费（订阅费）成为龙头老大。商业视频网站的发展正处于这条盈利道路之上，会员收费制度越来越被视频用户所接受，可以预见，依靠优质的无形资产整合，尤其是独家头部精品内容产品的开发与跨界合作，将成为传媒机构纵深发展的新出路，广播传媒也需积极面对新经济形态，重视无形资产管理的新课题。

二、理顺关系，加强顶层设计

我国的现阶段，乃至以后很长一段时期，分布在全国各省市县的三级广播电台，仍将是我国广播传媒的重要主体。在这浩如烟海的三级广播传媒中，目前的管理生态是块块分割，各自一体，分属不同的省市县行政区划。这不仅导致管理机构名称不一致（有的叫资产管理中心，有的叫产业管理处室，不一而足），而且，还出现权属关系不一致，管理规范不统一（比如，有的台将广播传媒无形资产管理交由财务部门或办公室行使管理职权，等等）。这种导致管理标准不统一、执行权限不规范、产业发展不得力的局面，急需顶层设计。

我国电台但不限于电台的广播传媒中，诸如众多网络及其他新媒体，不属于国有运营，其纷繁复杂的无形资产管理，更是一个崭新的时代命题，需要更高的顶层设计。新媒体领域的广播无形资产管理，要从市场调研着手，进行规划设计，在行政管理等方面开展创新工作，逐一理顺体系关系，从而实现广播无形资产的有效管理，促进广播产业更快更好发展。这是我国广播传媒无形资产管理的大趋势。

三、设置标准，加强制度建设

2009 年，我国第一部文化产业专项规划《文化产业振兴规划》出台，该文件对于促进文化类企业融资特别作出政策规定。2016 年，中国资产评估协会制定《文化企业无形资产评估指导意见》，用成本法、收益法、市场法为文化企业提供无形资产评估依据。2018 年，《知识产权管理认证管理办法》《专利代理机构服务规范》等数个知识产权领域新规正式实施。由此可见，我国对无形资产管理，开始由粗放型向集约型和细化型方向转变。

由于近年来新媒体发展呈井喷式局面，无形资产管理的行业规章和法律制度一时难以满足现实需要。那么，设置标准、加强制度建设成为我国广播传媒无形资产管理的重中之重。

较之固定资产管理，无形资产管理则有其突出的特殊性。固定资产是可视性的，看得到摸得着，量化标准比较容易，具有极强的普识性。而无形资产不以实物形态出现，其量化评估、价值交易和市场规范等操作，不具有固定资产的便利性。另外，无形资产的出现，较固定资产晚得多，无形资产的管理经验少，法律规章亟须在实践中建立和完善。

然而，广播的无形资产却远远大于固定资产。换言之，广播的主要资产大部分是通过无形资产来实现的。广告营收、节目版权、商标专利、牌照运营、网址域名、品牌转让、人力资源等构成广播无形资产主体。科学搭建无形资产管理平台，设置行业标准，加强制度建设，将是推动我国广播传媒无形资产健康快速发展的重要抓手。

当前文化事业蓬勃发展，广播传媒的版权管理制度、广告管理制度、技术管理制度是当前管理创新、制度创新和法规建设的重点。这其中包括财务管理制度完善、知识产权资源标准制定、人力资源和组织措施规划。设置标准、加强制度建设成为我国广播传媒无形资产管理的重中之重。

四、培养人才，加强队伍建设

广播传媒的无形资产，是广播传媒生产或控制的能够带来预期收益的非实物资产，包括但不限于牌照、商标、专利、品牌标识、网址、域名、节目版权资产、数据资产、系统平台、软件著作权、各类工作室、主题活动等内容。从中可见，广播传媒无形资产具有如下特点：专业性强、知识性强、形态性新、变化性大。比如，目前风起云涌的传媒人才跳槽，包括一些“名嘴”离职追高薪，是否带走的是单位无形资产？再比如，广播传媒中的包括不限于节目的无形资产，被网络但不限于网络的播出和利用，如何追讨利益实现等价交换？又比如，如何区分新闻传播和非新闻传播的非利益性和利益性？诸如此类，都需要开展学科研究，培养专业人才，加强管理队伍建设。目前，在我国大学专业体系中，开设无形资产管理的学科还很少，由此而来，广播传媒业中有此专业背景的工作人员则更少。在各广播电台行业里，开展无形资产管理培训班和其他形式的专业培训，更是难以见到。要改变这种现状，加强这项基础建设，中央广播传媒和广电专业的高等院校可以率先开展多种形式的人才培养。这是我国广播传媒无形资产管理的最基础、最根本、最卓有成效的工作。

五、强内联外，整合执行力

管理的要务是执行，没有执行力的管理，有时形同虚设，甚至沦为管理形式上的花瓶。然而，在我国现有广播传媒中，除不占主体地位的民营广播传媒外，绝大多数是由国有事业单位演化而来或仍为事业单位体制的广播传媒。在如此体制现状内，资产管理部门通常只是台里的一个职能部门。作为一个部门，其在广播传媒（台）中，执行力通常是有限的。面对现实局面，一是循序渐进地进行体制创新，资产管理部门向传媒机构（台）建言献策，推动体制机制改革；二是发挥主观能动性，在现有体制条件下，资产管理中心等部门，借鉴兵种作战“联席会议”的方法，联合财务和人事等部门，在政策制定、联合发文和执行协调等方面，实行通力协商、合署决策、联合管理，通力执行。只有这样，才能有效保障广播无形资产在传媒（台）里得到各部门全体人员有效保护、有力开发、有利经营、有序推进。理论创新、制度创新、科技创新、文化创新等各方面的要求已成为文化产业发展变革的催化剂，广播传媒无形资产管理更需要努力创新，强内联外，整合执行力是广播传媒无形资产管理的现实需求。

虽然广播在众多传媒中算不上强势传媒，但广播表现形式简单、衍生产品较少、节目生产成本较低，相比电视电影等传媒而言广播传媒生产资金投入少、风险小、开发潜力巨大，易于实现落地传播，广播传媒因此有足够多的优势支撑其生存、发展、繁荣。党的十九大报告强调：健全现代文化产业体系和市场体系，创新生产经营机制，完善文化经济政策，培育新兴文化业态。在当前中央广播电视总台成立的大背景下，国家广播无形资产的价值开发与转化，将成为一个更具想像力和挑战性的课题，必将大有可为。

参考文献

[1] 夏宏盛，张世贤. 无形资产管理 [M]. 北京：经济管理出版社，2014 (3).

[2] 蔡吉祥. 无形资产学（修订本） [M]. 北京：人民出版社，2007 (10).

[3] 叶陈毅. 无形资产管理 [M]. 上海：复旦大学出版社，2006 (4).

[4] 余恕莲. 无形资产评估 [M]. 北京：对外经济贸易出版社，2003 (4).

[5] 于玉林. 无形资产哲学 [M]. 北京：首都经济贸易出版社，2015 (9).

[6] 纪峰. 文化企业无形资产评估的影响因素分析 [J]. 现代经济信息，2016，(15)：25-26.

[7] 张振鹏. 文化企业无形资产特征及其评估探析 [J]. 人文天下，2016 (13)：18-21.

[8] 张振鹏，张鲁秀，孙丽丽. 文化企业无形资产评估与文化产业发展 [J]. 东岳论丛，2016 (07)：188-192.

[9] 宋化祺. 文化企业无形资产审计研究 [D]. 济南：山东大学，2016.

[10] 李忠峰. 无形资产评估：助推文化产业新跨越 [N]. 北京：中国财经报，2016-05-05.

[11] 解程媛. 企业并购中无形资产的价值研究 [D]. 哈尔滨：哈

尔滨师范大学，2015.

［12］喻国明，刘旸．“互联网+”背景下传媒产业创新的五力模型［J］．新闻与写作，2015（05）：10-13.

［13］别琹婧．对记者型主持人节目创作的研究［D］．成都：成都理工大学，2014.

［14］黄可．新媒体环境下企业无形资产传播要素［J］．中国投资，2014（06）：90-91.

［15］吴昊天．中国传媒产业发展研究［D］．成都：西南财经大学，2014.

［16］周娟．新媒体时代下的湖南传媒产业发展研究［D］．长沙：湖南师范大学，2014.

［17］汪洁．《爸爸去哪儿》的品牌营销策略［J］．青年记者，2014（11）：63-64.

［18］卢苇．传播与文化产业上市公司无形资产分析［J］．知识经济，2014（06）：23-25.

［19］商建辉，张志平．我国传媒业商标保护存在问题及机制构建［J］．现代视听，2013（11）：11-13.

［20］吴恒钰，王小丹，毕颖．浅析企业无形资产的运营管理［J］．经营管理者，2013（21）：65.

［21］刘晶晶．谈迪士尼品牌运营及其对我国文化产业运作的启示［J］．商，2013（08）：305.

［22］夏峰．论企业无形资产管理的重要性［J］．现代经济信息，2013（14）：197-198.

［23］靳林林．解析职场类电视节目的品牌构建策略——以《非你莫属》为例［J］．西部广播电视，2013（07）：21-22.

［24］盛夏．中国传媒参与全球竞争的路径探析［J］．青年记者，

2013（14）：86-87.

［25］周静. 新媒体竞争下的媒体资料管理新探索——以北京人民广播电台为例［J］. 情报探索，2013（05）：61-64.

［26］张斌. 中国演艺企业无形资产评估体系的问题与建构研究［D］. 北京：中国科学技术大学，2013.

［27］王雅婷. 凤凰出版传媒集团跨行业经营研究［D］. 保定：河北大学，2013.

［28］何子君. “南都”全媒体运营模式探究［D］. 广州：暨南大学，2013.

［29］肖叶飞. 传媒产业所有权融合与反垄断规制［J］. 国际新闻界，2013（04）：103-111.

［30］李凯. 文化传媒企业财务预警分析［D］. 济南：山东大学，2013.

［31］王风云. 美国传媒国际化经营研究［D］. 上海：上海交通大学，2013.

［32］张艳. 传媒上市公司多元化经营研究［D］. 重庆：重庆工商大学，2013.

［33］隋欣，顿海龙. 从广播类 APP 看移动互联网时代广播的发展［J］. 当代传播，2013（02）：104-105+108.

［34］赵文晶，王馨慧. 我国传媒产业转型期发展的新模式研究［J］. 现代传播（中国传媒大学学报），2013（02）：104-108.

［35］刘丽芳，杨博武. 文化企业并购中无形资产价值评估研究［J］. 中国证券期货，2013（01）：213.

［36］黄玲，王潇萌. 三网融合下电视传媒运营模式［J］. 新闻前哨，2013（01）：96-97.

［37］庞井君，王雷. 媒介融合背景下广播电视品牌建设的问题与

对策［J］. 电视研究，2012（08）：22-26.

［38］李福荣. 中国传媒产业资本运营现状及发展模式探索［D］. 成都：西南石油大学，2012.

［39］孙亚洁. 基于收益理论的文化创意产业无形资产价值评估研究［D］. 西安：长安大学，2012.

［40］罗福凯，袁龙龙. 企业无形资本运营分析［J］. 财务与会计（理财版），2012（04）：21-23.

［41］廖斯清. 我国传媒上市公司经营管理实证研究［D］. 成都：西南财经大学，2012.

［42］洪皓轶. 当前中国电视剧产业无形资产融资主要发展模式探析［J］. 电影文学，2012（06）：13-15.

［43］周挺. 浅谈媒体资产管理系统的建设与发展趋势［J］. 新闻传播，2012（03）：167+169.

［44］叶瑾. 传媒产业资本运营方式研究［D］. 杭州：浙江财经学院，2012.

［45］侯晓宁. 辽宁电台《今天吃点啥》节目市场营销策略研究［D］. 沈阳：东北大学，2011.

［46］赵颖，陈心慧，张蕾. 文化创意产业中无形资产价值评估探析［J］. 商业文化（下半月），2011（08）：206-207.

［47］朱国栋. 媒介品牌的商标保护［J］. 中华商标，2011（08）：68-70.

［48］陈珀. 塑造媒体良好形象的重要性［J］. 青年记者，2011（20）：23.

［49］阎寒. 实施低成本扩张战略的案例分析［J］. 商业经济，2011（07）：51-55+84.

［50］吴超群. 如何构建广播品牌？［J］. 新闻论坛，2011（01）：41.

[51] 张先. 广播传媒品牌开发策略研究 [D]. 天津：天津大学，2010.

[52] 汤肖. 企业无形资产管理存在的问题及对策 [J]. 财会通讯，2010 (23)：160.

[53] 陶喜红. 中国传媒产业市场结构重构 [J]. 中南民族大学学报（人文社会科学版），2010 (03)：151-155.

[54] 林朗朗. 别让品牌价值随电波消散在空中——广电系统无形资产维护和运营 [J]. 视听纵横，2010 (02)：82-83.

[55] 郑静. 中国传媒产业资本运营问题研究 [D]. 广州：暨南大学，2010.

[56] 段晓兵. 北京市文化创意产业融资模式探析 [D]. 北京：中央民族大学，2010.

[57] 张毅. 文化创意企业无形资产评估问题探究 [J]. 中外企业家，2010 (04)：18-19.

[58] 李先瑞. 文化创意企业无形资产评估问题探讨 [J]. 国际商务财会，2010 (02)：73-75.

[59] 刘芳. 企业无形资产管理创新研究 [D]. 天津：天津科技大学，2010.

[60] 李先瑞. 文化创意企业无形资产评估问题的探讨 [J]. 新东方，2009 (12)：58-60.

[61] 黄彬群. 广播媒体的品牌策略研究 [J]. 新闻传播，2009 (09)：94-95.

[62] 石晶晶. 媒体品牌栏目的塑造与深度开发 [J]. 新闻三昧，2009 (06)：37-38.

[63] 李放. 中国传媒产业发展研究 [D]. 北京：北京交通大学，2009.

［64］李霞. 传媒文化创意产业资本运作研究［D］. 上海：复旦大学，2009.

［65］许英伟. 厦门广播电视集团发展战略研究［D］. 厦门：厦门大学，2009.

［66］赵琳. 试论电视栏目品牌在现代电视传媒竞争中的重要作用［D］. 保定：河北大学，2008.

［67］刘为众. 试探企业无形资产管理的有效途径［J］. 财政监督，2008（18）：45.

［68］马红建. 大众传媒延伸路径探析［D］. 西安：西北大学，2008.

［69］李沅霞. 对电视传媒企业会计报告及财务分析的思考［J］. 新疆财经，2008（02）：115-116.

［70］崔丹. 试析中国传媒产业资本运营［D］. 兰州：兰州大学，2008.

［71］胡忠青. 传媒产业无形资本的培育与运营［J］. 湖北大学学报（哲学社会科学版），2008（02）：96-100.

［72］张琦. 媒体品牌战略研究［D］. 北京：中央民族大学，2008.

［73］王维平，史悦. 试论对现代企业无形资产的四重分类［J］. 财会研究，2007（12）：58-60.

［74］周正兵. 文化产业的无形资产价值［J］. 中国资产评估，2007（07）：24-26.

［75］黄存亚. 报业集团资本运营探析［D］. 湘潭：湘潭大学，2007.

［76］谢瑞. 报业集团无形资产增值研究［D］. 湘潭：湘潭大学，2007.

［77］周必勇. 传媒企业的项目管理运作［D］. 南京：南京师范大

学，2006.

［78］马传兵. 论无形资本扩张的方式和特点［J］. 经济体制改革，2006（03）：56-59.

［79］张东风. 基于湖南交通频道的广播媒体品牌策略研究［D］. 长沙：湖南大学，2006.

［80］苏珊珊. 中国娱乐传媒产业运营研究［D］. 北京：首都经济贸易大学，2006.

［81］于晓红. 无形资产的资本化运营方式［J］. 吉林省经济管理干部学院学报，2006（01）：54-56.

［82］赵鸿燕，李金慧. 穿越时光之手——美国《国家地理》杂志品牌战略解析［J］. 传媒，2005（11）：39-41.

［83］吴延军. 如何加强企业无形资产管理［J］. 胜利油田党校学报，2005（05）：79-80.

［84］何霄峰. 我国传媒产业资本运营分析［D］. 济南：山东大学，2005.

［85］于晓红. 企业无形资产的资本化运营原则［J］. 吉林省经济管理干部学院学报，2005（03）：42-44.

［86］谢耘耕. 传媒无形资本运营探析［N］. 中华新闻报，2005-05-18（C02）.

［87］黄进. 中外传媒资本运营比较研究［D］. 济南：山东大学，2005.

［88］谢耘耕. 传媒无形资本运营探析［J］. 新闻界，2005（02）：18-20.

［89］侯玉峰. 媒介资本市场研究——兼论吉林电视的资本运营［D］. 长春：吉林大学，2004.

［90］汤湘希. 基于企业核心竞争力理论的无形资产经营问题研究

[J]. 中国工业经济, 2004 (01): 87-92.

[91] 苏朝勃. 电广传媒的公司价值研究 [D]. 长沙: 湖南大学, 2003.

[92] 张涛. 利用无形资产运营探索传媒产业化发展新路今晚报精心培育"今晚"品牌 [J]. 新闻实践, 2003 (08): 41.

[93] 沈荟. 透视传媒信誉资本 [D]. 上海: 复旦大学, 2003.

[94] 张铭. 无形资产资本化运营问题研究 [D]. 北京: 首都经济贸易大学, 2002.

[95] 李岭涛, 吴秀娥. 电视无形资本的运营 [J]. 广播电视信息, 2001 (09): 12-17.

[96] 高福安, 刘灵, 尤秀斌. 品牌节目: 电视传媒的生命线 [J]. 新闻通讯, 2001 (08): 25-26.

[97] 黎炜华. 广播电视媒介无形资产及其管理初探 [J]. 声屏世界, 2001 (08): 19-20.

[98] 何振. 我国企业无形资产的培育与管理探究 [D]. 湘潭: 湘潭大学, 2001.

[99] 任纪军, 任鹏. 无形资本经营: 企业资本经营的核心 [J]. 经济管理, 1999 (02): 55-56.

[100] 范似锦. 媒体品牌战与资源整合. 中国传媒产业发展大会发言稿 [EB/OL]. http: //www. people. com. cn.

[101] 高韵斐. 品牌经营: 从逐渐认识到精心打造. 2005 中国财经媒体运营高峰论坛发言稿 [EB/OL]. http: //business. sohu. com/20050417/n225217179. shtml

[102] 刘瑞云. 传媒企业价值评估研究 [D]. 石家庄: 河北经贸大学, 2016.

[103] 关梅. "微时代" 广播媒体品牌建设的意义与策略 [J]. 视

听，2016（02）：22-24.

［104］李茜妹. 传媒产业无形资本的培育与运营研究［J］. 现代经济信息，2015（20）：351-352.

［105］那玲. 文化产业类企业无形资产核算问题的探讨［J］. 中国商论，2015（11）：129-131.

［106］曹云端. 品牌栏目对电视台品牌铸造的效力研究［D］. 济宁：曲阜师范大学，2015.

［107］吴迪.《爸爸去哪儿》文化品牌研究［D］. 成都：四川师范大学，2015.

［108］冯兴明. 无形资产评估准则的应用研究［D］. 西安：长安大学，2014.

［109］张建奎. 基于顾客感知价值的节目资料价值评估方法初探［J］. 中国广播电视学刊，2014（02）：87-88.

［110］杨怡娜. 中央新影媒资项目的建设与开发［J］. 中国电视（纪录），2013（05）：15-19.

［111］杨索. 湖南卫视品牌延伸研究［D］. 长沙：湖南大学，2012.

［112］周挺. 浅谈媒体资产管理系统的建设与发展趋势［J］. 新闻传播，2012（03）：167+169.

［113］朱国栋. 媒介品牌的商标保护［J］. 中华商标，2011（08）：68-70.

［114］姜洁. 论收益法在无形资产评估中的应用［J］. 黑龙江对外经贸，2011（03）：134-136.

［115］段晓兵. 北京市文化创意产业融资模式探析［D］. 北京：中央民族大学，2010.

［116］俞丽伟. 加强企业无形资产保护的探讨［J］. 科技广场，

2009（02）：140-142.

［117］王晓峰. 推进城市电视台品牌化生存与发展［J］. 中国广播电视学刊，2008（12）：21-22.

［118］王文忠. 北京市文化创意产业投融资问题及对策研究［D］. 北京：首都经济贸易大学，2008.

［119］张瑜，吴先锋. 对无形资产核算与保护的思考［J］. 时代经贸（下旬刊），2007（11）：129-130+132.

［120］张秀梅. 无形资产运营策略研究［J］. 商业会计，2007（01）：45-46.

［121］宋素红，罗斌. 假如你主持的知名栏目被他人“抢注”——媒介品牌法律保护的问题与对策［J］. 中国记者，2005（01）：19-21.

［122］王群. 企业无形资产的资本化运营［J］. 经济师，2003（06）：84.

［123］高福安，刘灵，尤秀斌. 品牌节目：电视传媒的生命线［J］. 新闻通讯，2001（08）：25-26.

［124］姚泽有. 企业无形资产保护的问题与对策［J］. 商业研究，1999（03）：4-6.

［125］张振鹏. 文化企业资产评估与文化产业发展［J］. 东岳论丛，2016，07（37）.

［126］王军辉. 文化企业价值评估实务问题分析［J］.《财务与会计（理财版）》，2013（05）.

［127］戴元光，孙健，海阔. 中国媒体发展研究报告［M］. 武汉：武汉大学出版社，2013-06-30.

［128］付鑫羽. 媒介产业化主要法律制度研究［J］. 法制与社会，2012-10-05.

[129] 宋迪. 云计算：中国部署速度将稳步提升 [J]. 中国传媒科技，2011-11-15.

[130] 任新钢，李晓林，苏建茹，郭万喜，何予. 加强国有资产管理发挥资产最大效益 [C]. 北京高教学会实验室工作研究会学术研讨会，2007.

[131] 王文杰. 电视传媒无形资产评估 [J]. 视听界，2005-09-25.

[132] 王维平，史悦. 试论对现代企业无形资产的四重分类 [J]. 财会研究杂志，2007-12-15.

[133] 张晓群. 传媒集团的无形资产运营 [J]. 当代传播杂志，2005-11-25.

[134] 罗洪保. 高等学校无形资产及其管理问题研究 [D]. 南昌：江西师范大学，2005-03-01.

[135] 叶瑞应. 电视媒体无形资产管理初探 [J]. 中国广播电视学刊，2009-08-20.

[136] 王小兰. 武汉科技大学学报（社会科学版）[N]. 武汉：武汉大学，2002-09-30.

[137] 赵通. 国际许可证贸易的垄断与反垄断研究 [D]. 大连：大连海事大学，2005-03-01.

[138] 张彬，闫成武. 企业短期偿债能力分析 [J]. 黑龙江省财会，2000-01-05.

[139] 周对葵. 传媒产业辨析 [J]. 新闻前哨杂志，2008-05-15.

[140] 周亮. 传媒产业融合的机理、模式及评价研究 [C]. 2015-03-13.

[141] 宋晓娟. 无形资产价值计量与报告研究 [D]. 天津：天津财经大学，2010.

［142］徐瑜. 我国上市公司无形资产与经营业绩相关性研究［D］. 江苏：江苏大学，2009.

［143］樊建强，徐海成. 加强企业无形资产管理的策略探析［N］. 昆明：云南财贸学院学报（社会科学版），2003.

［144］谢冠斌. 无形资产竞争的法律规则分析［J］. 知识产权杂志，2002.

［145］高涵. 媒体无形资产中商誉的合理评估——基于文化体制改革的几点思考［J］. 中国记者，

［146］陈丽梅. 浅谈电子商务对会计的影响及发展趋势［J］. 科技信息，2013-12-30..

［147］毛宇星. 解读《达芬奇密码》［J］. 科技经济市场，2007-03-30.

［148］赵鹤，胡维维 . 传媒产业：中国经济发展新引擎［J］. 中国财经报，2013-12-28.

［149］孙亚辉. 管理学角度的企业无形资产管理［J］. 会计之友，2012-02-15.

［150］彭晶. 浅谈加强企业无形资产的管理［J］. 北方经贸，2006-02-15.

［151］禹良俊. 无形资产增值让价值超越想象［J］. 理财杂志，2008-02-01.

［152］王金军，吕冰. 企业形象资产与无形资产概念的对比分析［J］. 山东经济，2003-09-15.

［153］邓健萍. 新建本科院校无形资产管理的浅析［J］. 中国集体经济，2011（03）：73-73

［154］王芳. 从传播学角度解构企业微信号的传播模式［J］. 新闻研究导刊，2017（03）.

［155］喻国明. 大数据对于新闻业态重构的革命性改变［J］. 新闻与写作，2014-07-05.

［156］戚骥. 支持文化产业发展的税收政策研究［J］. 财政研究，2013（06）.

［157］姜海清. 构建新型广播推动融合发展——中央人民广播电台媒体融合发展工作探索与实践［J］. 新闻战线，2016-09-08.

［158］朱元君. 媒介融合背景下电视与新媒体融合研究［D］，北京：中国青年政治学院，2016-04-28.

［159］罗洁琳. 整合资源打造全媒体产品矩阵［J］. 深圳商报，2016-08-23.

［160］姜海清. 推动融合发展 构建新型广播［J］. 中国广播电视学刊，2016（10）.

［161］宝木. 曲艺版权资产管理是版权保护的基础手段［J］. 曲艺，2016（01）.

［162］司洋，苏胜波，李宜篷. 多元、拓展、融合：广播产业发展路径探析［J］. 中国广播，2016（02）.